Jihen Karoui
Marwa Graja
Mohamed Mahdi Boudabous

Construction semi-automatique d'une ontologie de domaine

Jihen Karoui
Marwa Graja
Mohamed Mahdi Boudabous

Construction semi-automatique d'une ontologie de domaine

A partir d'un corpus en dialecte Tunisien

Presses Académiques Francophones

Impressum / Mentions légales

Bibliografische Information der Deutschen Nationalbibliothek: Die Deutsche Nationalbibliothek verzeichnet diese Publikation in der Deutschen Nationalbibliografie; detaillierte bibliografische Daten sind im Internet über http://dnb.d-nb.de abrufbar.
Alle in diesem Buch genannten Marken und Produktnamen unterliegen warenzeichen-, marken- oder patentrechtlichem Schutz bzw. sind Warenzeichen oder eingetragene Warenzeichen der jeweiligen Inhaber. Die Wiedergabe von Marken, Produktnamen, Gebrauchsnamen, Handelsnamen, Warenbezeichnungen u.s.w. in diesem Werk berechtigt auch ohne besondere Kennzeichnung nicht zu der Annahme, dass solche Namen im Sinne der Warenzeichen- und Markenschutzgesetzgebung als frei zu betrachten wären und daher von jedermann benutzt werden dürften.

Information bibliographique publiée par la Deutsche Nationalbibliothek: La Deutsche Nationalbibliothek inscrit cette publication à la Deutsche Nationalbibliografie; des données bibliographiques détaillées sont disponibles sur internet à l'adresse http://dnb.d-nb.de.
Toutes marques et noms de produits mentionnés dans ce livre demeurent sous la protection des marques, des marques déposées et des brevets, et sont des marques ou des marques déposées de leurs détenteurs respectifs. L'utilisation des marques, noms de produits, noms communs, noms commerciaux, descriptions de produits, etc, même sans qu'ils soient mentionnés de façon particulière dans ce livre ne signifie en aucune façon que ces noms peuvent être utilisés sans restriction à l'égard de la législation pour la protection des marques et des marques déposées et pourraient donc être utilisés par quiconque.

Coverbild / Photo de couverture: www.ingimage.com

Verlag / Editeur:
Presses Académiques Francophones
ist ein Imprint der / est une marque déposée de
OmniScriptum GmbH & Co. KG
Heinrich-Böcking-Str. 6-8, 66121 Saarbrücken, Deutschland / Allemagne
Email: info@presses-academiques.com

Herstellung: siehe letzte Seite /
Impression: voir la dernière page
ISBN: 978-3-8381-7411-2

Remerciements

Je tiens à remercier vivement Mme **Lamia Hadrich Belguith**, pour la qualité de son encadrement, la pertinence de ses directives, ses précieux conseils et sa générosité. J'ai eu l'honneur de travailler avec une personne dont la gentillesse et la modestie ont facilité le déroulement de mon travail.

DEDICACES

Du profond de mon cœur, je dédie ce travail

A

Ma Mère Lilia Baklouti

Mon Cher Ami Sami Bouaziz

Pour leur compréhension, leurs nombreux sacrifices consentis, pour leur patience,
leur soutien moral, leur grand amour et leur confiance en moi,

Pour tout ce qu'ils ont fait pour mon bonheur et ma réussite,

Je n'oublierai jamais leurs conseils prodigieux qui restent toujours dans mon
esprit.

A travers ce modeste travail, je leur manifeste mon amour infini et ma gratitude,

Que dieu leur réserve bonne santé et longue vie

JIHEN

Sommaire

Table des figures

Liste des tableaux

Introduction générale

Durant cette dernière décennie, les ontologies sont devenues un objet fondamental sur lequel il faut se pencher. En effet, elles sont largement utilisées vu qu'elles représentent un moyen efficace pour la gestion et le partage des connaissances d'un domaine particulier entre personnes et/ou systèmes, ceci est prouvé par leurs utilités dans de nombreux domaines tels que : le Traitement Automatique de Langage Naturel (TALN), l'ingénierie de connaissances, l'intelligence artificielle, la recherche d'information, le Web sémantique, l'e-commerce, etc.

Le développement d'une ontologie pour un système de TALN a pour but d'améliorer sa qualité. En fait, une ontologie permet la représentation profonde des informations indépendamment du format et de la langue dans laquelle elles sont écrites. En plus, elle permet d'extraire les connaissances explicites et implicites d'un domaine. Prenons l'exemple d'une ontologie construite à partir de textes, les connaissances explicites qui peuvent se présenter dans les textes sur lesquels nous allons travailler sont le lexique, la syntaxe, la sémantique et la pragmatique. Les connaissances implicites sont les informations permettant à un système d'interrogation de donner des réponses « intelligentes » qui tiennent compte des évidences pour un locuteur. En effet, dans un système de TALN, une ontologie est nécessaire si nous voulons comprendre le contenu d'un texte et le représenter dans un langage formel. Cette représentation formelle peut être utilisée dans diverses applications pour générer un nouveau texte en langue naturelle. La taille et la complexité d'une ontologie dépendent de l'architecture du système en question et de l'existence d'autres sources de connaissances (syntaxiques, sémantiques, rhétoriques et pragmatiques).

À nos jours, le principal objectif dans le domaine de conception des ontologies est de définir des ontologies partageables. Ceci est assuré par le développement de formalismes et d'outils communs, par la conception claire des ontologies, par la comparaison entre les ontologies et par le rassemblement de quelques-unes. Les travaux de conception d'ontologie ont produit une gamme de projets divers, des ontologies représentant la connaissance du monde général, des ontologies de domaines spécifiques en passant par les systèmes de représentation de connaissances [Lortal, 2002]. Cependant, la tâche de conception des ontologies est très coûteuse en terme de temps suite à la construction, la maintenance et la mise-à-jour de l'ontologie qui s'effectuent manuellement. Par conséquent, la construction automatique commence à émerger dans les travaux actuels de recherche qui portent sur l'automatisation des méthodes de création d'ontologies. Ce mécanisme mène généralement à la conception d'ontologies dites légères.

Notre présent travail a pour objectif de proposer une méthode hybride pour la construction semi-automatique d'une ontologie de domaine. Ainsi, nous proposons d'utiliser une méthode statistique pour l'extraction des termes et des concepts et une méthode linguistique pour l'identification des relations sémantiques entre les concepts. Durant notre travail, nous allons collaborer avec un expert du domaine d'étude. Pour cela, nous parlons de la construction semi-automatique d'une ontologie de domaine.

Ce rapport s'articule autour de quatre chapitres. Dans le premier chapitre, nous présentons un état de l'art sur les ontologies. Nous présentons quelques définitions d'une ontologie en respectant l'ordre chronologique de leur apparition, les composants d'une ontologie, les différents types des ontologies, l'utilité des ontologies, les méthodologies de constructions d'une ontologie, les différents outils de construction et nous présentons enfin quelques exemples d'ontologies. Dans le deuxième chapitre, nous proposons notre méthode de construction d'une ontologie de domaine, en détaillant ses différentes étapes. Le troisième chapitre est consacré à la conception et réalisation du système

« Assistant for Building Domain Ontology » (ABDO). Dans ce chapitre, nous allons présenter la conception de notre système et les résultats de l'application de cette conception. Le dernier chapitre, expose une évaluation de l'ontologie produite par notre système ABDO.

Chapitre I : État de l'art sur les ontologies

I. Introduction

De manière générale, l'utilisation de connaissances en informatique a pour but de permettre une communication, une collaboration entre les systèmes d'informations et les utilisateurs. Pour cela, les systèmes d'informations doivent avoir accès non seulement aux termes utilisés par l'être humain mais également à la sémantique qui leur est associée, afin qu'une communication efficace soit possible. Dans ce cadre, les ontologies visent à intégrer une couche de connaissances sémantiques aux systèmes d'information afin qu'elles soient interprétables par l'homme et par la machine.

La construction d'ontologies est une tâche difficile qui nécessite la mise en place de procédés afin d'avoir les connaissances nécessaires sur un domaine manipulables par les systèmes informatiques et interprétables par les êtres humains [Nathalie, 2005]. Nous distinguons deux méthodes pour la construction d'ontologies : les méthodes manuelles et les méthodes reposant sur l'apprentissage. Plusieurs principes et méthodologies ont été définis pour faciliter la génération manuelle. Ces principes suivent des procédés de modélisation collaboratifs. Ils mènent à la construction d'ontologies légères et lourdes (ces ontologies se spécifient par la présence ou non d'axiomes) [Nathalie, 2005]. Cependant, ces procédés de génération sont très coûteux en temps et posent surtout des problèmes de maintenance et de mise à jour [Ding et al., 2002]. Par conséquent, l'automatisation de la construction des ontologies commence à émerger dans les travaux actuels de recherches, d'où l'apparition des méthodologies d'apprentissage d'ontologies. Les méthodologies d'apprentissage se distinguent selon les types de données en entrée : textes, dictionnaires, bases de connaissance, schémas semi-structurés et de schémas relationnels [Nesrine et al., 2010].

Notre travail entre dans le cadre de construction des ontologies à partir de textes. Ainsi, nous nous intéressons à étudier et proposer une méthode hybride

5

pour la construction semi-automatique d'une ontologie de domaine à partir de textes.

Dans ce premier chapitre, nous mettons l'accent sur l'état de l'art des ontologies. En effet dans les deux premières sections, nous expliquons la notion d'ontologie ainsi que ses différents composants. Ensuite dans une troisième section, nous présentons les différents types d'ontologies en mettant l'accent sur l'utilité des ontologies. Dans une quatrième section, nous étudions les différentes méthodologies de construction d'ontologies. Enfin, La dernière section est consacrée à l'énumération des langages de représentation des ontologies.

II. Définition d'une ontologie

Dans cette section, nous allons commencer par définir le terme « ontologie » en passant en revue sur les différentes définitions de ce terme.

Le terme « Ontologie » est un terme emprunté de la philosophie, il est d'origine grecque (Ontologia), qui signifie « explication systématique de l'existence », il est composé de « Onto » qui est le participe présent du verbe être et « logia » qui signifie « parler, discours » [Nabila, 2008(a)]. Dans la dernière décennie, le mot ontologie est adopté par la communauté d'ingénierie des connaissances.

Nous avons lu plusieurs définitions au sujet de l'ontologie, et nous avons observé comment ces définitions ont évolué au cours des années. Dans cette section, nous allons citer ces définitions et nous essayerons d'expliquer les relations entre elles.

Neches et ses collègues [Neches et al., 1991] ont été les premiers à définir le terme ontologie dans le domaine informatique. En fait, ils ont proposé la définition suivante: *« Une ontologie définit les termes et les relations de base du vocabulaire d'un domaine ainsi que les règles qui indiquent comment combiner les termes et les relations de façon à pouvoir étendre le vocabulaire ».* Cette

6

définition donne un premier aperçu sur la façon de construire une ontologie, à savoir la définition des termes d'un domaine et les relations entre ces termes ainsi que les règles pouvant s'appliquer à ces derniers. Deux ans plus tard, Gruber, [Gruber, 1993] a proposé une définition de cette notion qui caractérise l'essentiel d'une ontologie et qui est généralement la plus célèbre citée dans la littérature : « *Une ontologie est une spécification explicite d'une conceptualisation* ». Dans cette définition, Gurber mentionne la notion de « conceptualisation » qui réfère à un modèle abstrait d'un certain domaine du monde réel en précisant les concepts pertinents pour ce domaine. L'expression « spécification explicite » signifie que la définition des concepts et des relations utilisées doit être d'une manière claire et précise [Gruber, 1993].

Basées sur la définition du Gruber, plusieurs raffinements ont été proposés. Borst [Borst, 1997] a amélioré la définition de Gruber en définissant une ontologie en tant qu' *«Une spécification formelle d'une conceptualisation partagée »*. Dans cette définition, Borst a remplacé le terme « explicite » par « formelle » pour insister sur le fait qu'une ontologie doit être formelle, c'est-à-dire exprimée dans un langage compréhensible par la machine. En plus, il a ajouté la notion « partagée » qui indique que l'ontologie doit être partagée dans la mesure où elle doit se référer à la notion de groupe qui impose ainsi la mise en place d'un partage de connaissances entre ses différents individus [Borst, 1997].

Ces deux dernières définitions ont été fusionnées par Studer et ses collègues [Studer et al., 1998] pour avoir la définition suivante : « *Une ontologie est une spécification formelle et explicite d'une conceptualisation partagée* ». Une « spécification formelle » réfère au fait qu'une ontologie doit être définie dans un langage interprétable par la machine. « Explicite » signifie que les concepts, les propriétés et les relations de l'ontologie doivent être définies d'une manière déclarative. « Conceptualisation » réfère à un modèle abstrait d'un phénomène du monde en identifiant les concepts appropriés à ce domaine. « Partagée » reflète qu'une ontologie capture la connaissance consensuelle c'est-à-dire non réservée à quelque individus, mais partagée par une communauté.

D'autres définitions ont été proposées dans le cadre des projets spécifiques, ce qui justifie l'adaptation de la définition d'une ontologie selon leurs besoins. Citons celle de Bernaras et ses collègues [Bernaras et al., 1996] au sein du projet KAKTUS : « *Une ontologie fournit le moyen pour décrire d'une manière explicite la conceptualisation des connaissances représentées dans les bases de connaissances* ». Cette définition décrit l'approche utilisée par cette équipe pour la construction d'une ontologie qui repose sur l'extraction de l'ontologie à partir d'une base de connaissances. Dans le cadre du projet SENSUS, Swartout et ses collègues [Swartout et al., 1997] ont défini une ontologie comme « *Un ensemble de termes hiérarchiquement structurés, conçu afin de décrire un domaine qui peut être utilisé comme un squelette de base pour les bases de connaissances* ». Selon cette définition, une ontologie peut servir à construire plusieurs bases de connaissances qui peuvent partager la même taxonomie.

Selon Gomez et ses collègues [Gómez-Pérez et al., 2004], les ontologies visent à capturer les connaissances consensuelles de façon générique ainsi que la façon de leur réutilisation et leur partage à travers des applications et des groupes de personnes.

III.   Les composants d'une ontologie

Une ontologie est formée d'un ensemble de composants à savoir : les concepts, les relations, les axiomes et les instances. Ces composants sont détaillés dans les sections suivantes.

III.1. Les concepts

Un concept peut représenter un objet, une idée, ou bien une notion abstraite selon [Uschold et al., 1995]. Les concepts sont appelés aussi classes de l'ontologie. Ils constituent les objets de base manipulés par les ontologies. Un concept peut être constitué de trois parties: un terme (ou plusieurs), une notion et un ensemble d'objets. Le terme d'un concept est l'expression linguistique généralement utilisée pour y faire référence. La notion désigne ce qui est appelé l'intention du concept. Elle contient sa sémantique qui est définie à l'aide de propriétés (relations et attributs), de règles et de contraintes. L'ensemble d'objets définis par le concept forme ce qui est appelé l'extension du concept. Ce sont les instances du concept.

Certains auteurs, parmi lesquels [Gómez-Pérez et al., 2004] insistent sur la nécessité de définir un concept par plusieurs termes. D'autres tels que [Baneyx, 2007] proposent plutôt de désigner un concept par un seul label et de relier ce label à un ensemble de termes préférés. Ceci permet la distinction entre le label et le terme utilisé dans la langue.

III.2. Les relations

Les relations dans une ontologie sont les relations sémantiques qui relient les concepts de l'ontologie entre eux. Ces relations sont caractérisées par un (ou plusieurs) terme, une signature qui précise le nombre d'instances de concepts que la relation lie et leurs types. Plusieurs types de relations sémantiques sont proposés par les ressources terminologiques [Souheila, 2009] à savoir les associations suivantes : sous-classe de (généralisation spécialisation) ; partie de (agrégation ou composition) ; associée-à ; instance-de ; est-un ; etc. Alors nous classons les associations comme suit : les relations taxonomiques (dites aussi de subsomption), les relations sémantiques lexicales, les relations interhiérarchiques et les relations associatives.

- **Les relations taxinomiques** : Ce type de relation structure des termes dans une arborescence. Elle comporte les relations d'hyponymie (is-a/est-un) qui relient un terme général à un terme spécifique et les relations partitives (méronymie ou partie-de) qui relient deux termes où l'un est une partie de l'autre [Souheila, 2009].

▪ **Les relations sémantiques lexicales** : Ce sont les relations de synonymie qui relient les termes possédant le même sens et les relations d'antonymie qui relient les termes ayant un sens différent [Thibault, 2011].

▪ **Les relations inter-hiérarchiques (transversales)** : Ces relations relient les termes appartenant à des branches distinctes d'une ou plusieurs hiérarchies. Ces relations varient d'un domaine à un autre [Mounira, 2012].

▪ **Les relations associatives :** Ces relations correspondent à la notion de rôle en logique de description qui est un langage formel conçu pour décrire et raisonner sur les connaissances d'un domaine [Brachman, 1979]. Ce type de relation permet de typer les concepts reliés.

III.3. Les axiomes

Les axiomes sont les règles d'analogies qui peuvent être utilisées dans la définition des concepts et des relations. Ces axiomes sont utilisés pour définir des contraintes sur les concepts, sur les valeurs des propriétés, les valeurs des attributs et/ou sur les arguments d'une relation [Souheila, 2009]. D'après [Gómez-Pérez et al., 2004], les axiomes formels sont utilisés pour vérifier la consistance de l'ontologie.

III.4. Les instances

Les instances sont utilisées pour représenter une instanciation des concepts d'une ontologie. Ils font apparaître les connaissances du domaine d'étude [Souheila, 2009].

IV. Les différents types d'ontologies

Il existe différents types d'ontologies qui permettent de décrire les connaissances d'un domaine selon un point de vue particulier. Dans la littérature, nous avons remarqué que les ontologies sont catégorisées selon leur formalisation, en fonction du niveau de granularité et selon l'objet de conceptualisation [Souheila, 2009].

Par ailleurs, Uschold et Gruninger [Uschold et al., 1996] indiquent que les ontologies peuvent être de natures variables, suivant le type de langage utilisé et donc en progression au niveau du degré de formalisation. Nous distinguons quatre degrés de formalisation : les ontologies informelles, les ontologies semi-informelles, les ontologies semi-formelles et les ontologies formelles.

Psyché et ses collègues [Psyché et al., 2003], indiquent que les ontologies peuvent être distinguées selon le niveau de détail. Deux catégories peuvent être identifiées : granularité fine et granularité large. Granularité fine signifie que l'ontologie est très détaillée et possède un vocabulaire riche capable d'assurer une description détaillée des concepts pertinents d'un domaine. Alors que la granularité large signifie que l'ontologie contient un vocabulaire moins détaillé. Les ontologies de haut niveau ont par exemple une granularité large, car les notions sur lesquelles elles portent peuvent être raffinées par des notions plus spécifiques. Cette catégorisation en granularité large est détaillée par la suite par Gomez et ses collègues [Gómez-Pérez et al., 2004] qui présentent une classification selon la conceptualisation des ontologies. Cette classification conceptuelle est une extension des travaux de Mizoguchi [Mizoguchi et al., 1995], Van Heijst [Van Heijst et al., 1997], et Guarino [Guarino, 1998]. Ce type de classification est devenu la classification la plus utilisée jusqu'à nos jours, à savoir les ontologies de haut niveau et les ontologies spécialisées qui sont les ontologies de domaine, les ontologies de tâche et les ontologies d'application.

IV.1. Les ontologies de haut niveau

Ce type d'ontologies s'intéresse à l'étude des catégories des objets qui existent dans le monde, soit les concepts de haute abstraction tels que les entités, les événements, les états, les processus, les actions, le temps, l'espace, les relations, les propriétés [Sowa, 1995], [Guarino, 1997].

IV.2. Les ontologies spécialisées

Les ontologies spécialisées regroupent les ontologies de domaine, les ontologies de tâche et les ontologies d'application.

IV.2.1. Les ontologies de domaine

Les ontologies de domaine gèrent l'ensemble des concepts d'un domaine particulier et les relations entre ces concepts qui modélisent les activités, les théories et les principes de base du domaine d'étude [Nabila, 2008(a)]. Ce type d'ontologie est réutilisable au sein d'un domaine donné, mais pas d'un domaine à un autre. Ce sont des ontologies qui sont construites pour un domaine spécifique [Mizoguchi et al., 1995] [Van Heijst et al., 1997].

IV.2.2. Les ontologies de tâche

Ce type d'ontologie est utilisé pour décrire un vocabulaire relatif à une tâche spécifique en spécialisant certains termes des ontologies de haut niveau [Mizoguchi et al., 1995] [Guarino, 1998].

IV.2.3. Les ontologies d'application

Ce sont les ontologies les plus spécifiques. Elles contiennent les connaissances requises pour une application particulière [Van Heijst et al., 1997]. Ce type d'ontologie permet de définir des concepts dépendant à la fois d'un domaine et d'une tâche particulière. Pour cela, nous pouvons dire que les ontologies d'applications peuvent inclure une ontologie de domaine. Contrairement à l'ontologie de domaine, l'ontologie d'une application donnée ne peut pas être réutilisée pour d'autres applications. Ces différents niveaux sont récapitulés dans la figure 1.

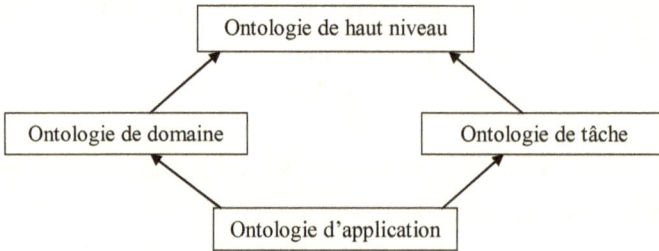

Figure 1. Différents types d'ontologie

V. Utilité des ontologies

L'origine de l'idée de construire des ontologies est le fait de partager de la compréhension commune de l'information entre les personnes ou les systèmes. Plus précisément, c'est une solution pour construire des bases communes pour un domaine particulier. Les ontologies sont développées pour permettre :

- **La réutilisation des connaissances d'un domaine** : lorsque nous avons une ontologie qui a été développée en détail, nous pouvons la réutiliser dans le développement d'une autre ontologie [Natalya et al., 2001].

- **L'analyse du savoir sur un domaine** : les ontologies permettent la saisie des connaissances dans un domaine et fournissent une représentation qui pourra être réutilisée et partagée par d'autres applications [Natalya et al., 2001].

- **L'explicitation de ce qui est vu comme implicite sur un domaine** : en fait, les ontologies permettent de spécifier les termes d'un domaine et par la suite, le domaine traité devient explicite [Natalya et al., 2001].

- **L'interopérabilité entre systèmes** : les ontologies fournissent un vocabulaire commun dans un domaine et définissent la signification des termes et leurs relations afin de permettre l'interopérabilité entre les systèmes [Hacene et al., 2007].

VI. Méthodologies de construction d'ontologies

Le processus de développement d'une ontologie est un processus complexe où plusieurs acteurs interviennent dans les différentes étapes de ce processus. Pour cela, il est nécessaire de définir des méthodes ou méthodologies pour assister le processus de construction des ontologies. Dans la littérature, les mots méthodologie et méthode sont généralement utilisés de façon aléatoire. Pour clarifier l'utilisation de ces mots dans le domaine des ontologies, nous adoptons les définitions de l'IEEE. Selon l'IEEE, une méthodologie est *« une série complète et intégrée de techniques ou de méthodes créant une théorie générale de systèmes de la façon dont un travail bien pensé doit être exécuté »* [IEEE, 1995]. Les méthodologies sont assez utilisées en Informatique et Ingénierie de Connaissance. Selon la définition de la méthodologie, les méthodes correspondent à une partie des méthodologies. Ainsi, une méthode est définie en tant qu'un ensemble de *"processus ou de procédures ordonnés utilisés dans la conception d'un produit ou dans l'exécution d'un service"* [IEEE, 1990]. Pour synthétiser, nous pouvons dire qu'une méthodologie est composée de méthodes. Les méthodologies de construction d'ontologies existantes dans la littérature sont classifiées en fonction de l'utilisation ou non de connaissances à priori ainsi que de techniques d'apprentissage. Dans ce qui suit, nous détaillons les méthodologies de construction d'ontologies à partir de zéro ainsi que les méthodologies d'apprentissage.

VI.1. Méthodologies de construction d'ontologies à partir de zéro « from-scratch »

Les premières méthodologies de construction d'ontologies visaient à construire manuellement une ontologie d'entreprise sans connaissance à priori. Ces méthodologies sont appelées à partir de zéro « from-scratch » [Nesrine et al., 2010]. Parmi les méthodologies les plus célèbres dans la littérature, nous citons la méthodologie de Gruninger et Fox [Grüninger et al., 1995], la méthodologie de Uschold et King [Uschold et al., 1995], la méthodologie « METHONTOLOGY » de [Fernandez et al., 1997], la méthodologie « SENSUS » de [Swartout et al., 1997] et la méthodologie ON-TO-KNOWLEDGE de [Staab et al., 2001].

VI.2. Méthodologie d'apprentissage d'ontologies

La construction des ontologies à partir d'une base de connaissances est inspirée de la notion d'apprentissage. Selon Maedche et Sttab [Maedche et al., 2001], il existe autant d'approches d'apprentissage des ontologies que de types d'entrées. Nous distinguons les approches d'apprentissage à partir de textes, de dictionnaires [Hearst, 1992], [Jannink et al., 1999], de bases de connaissances [Suryanto et al., 2001], de schémas semi-structurés [Deitel et al., 2001], [Doan et al., 2000], [Papatheodrou et al., 2002] et de schémas relationnels [Johannesson, 1994], [Kashyap, 1999], [Rubin et al., 2002]. Dans la suite de cette section, nous nous occupons de la construction d'ontologie à partir de textes puisqu'elle fait l'objet de notre méthode.

VI.2.1. Apprentissage d'ontologie à partir de textes

Ce type d'apprentissage à partir de texte a été largement employé de la part de la communauté de l'ingénierie de connaissances. Les méthodes basées sur l'apprentissage à partir de textes sont essentiellement fondées sur des techniques d'analyse du langage naturel. Le processus de ce type d'apprentissage passe par les étapes suivantes : la première étape décrit la construction d'un corpus, la deuxième concerne l'extraction des termes et concepts du domaine étudié, la troisième étape consiste dans l'extraction des relations taxonomiques et associatives de l'ontologie [Nesrine et al., 2010]. Ces différentes étapes sont détaillées par la suite.

VI.2.1.1. Construction du corpus

Afin de mettre en place la construction d'ontologies à partir de textes, il est nécessaire de former l'ensemble des documents sur lequel reposera cette élaboration [Condamines, 2005]. S'il existe des documents dans lesquels la connaissance peut être capturée, il suffit de collecter les documents existants afin de couvrir le domaine d'étude. Si un tel ensemble de documents n'existe pas, des documents doivent être créés spécialement pour couvrir le domaine d'étude. Ce cas se présente quand l'ontologie doit présenter de la connaissance implicite sur un domaine. La construction de ce type de corpus servira à faire passer les connaissances de l'implicite à l'explicite [Nathalie, 2005].

VI.2.1.2. Extraction de termes

Les termes qui vont servir à la représentation des concepts d'une ontologie sont extraits à partir du corpus. Ils peuvent être extraits selon deux approches : linguistique [Sylvie et al., 2009] ou statistique [Houda et al., 2012]. L'approche linguistique consiste à analyser linguistiquement les mots dans les textes, alors que l'approche statistique repose sur le calcul de fréquence d'apparition des mots dans les textes.

a) Les techniques linguistiques

Les techniques linguistiques permettent l'extraction des termes à partir des relations grammaticales entre les mots dans les phrases des documents [Sylvie et al., 2009]. Ces termes peuvent être composés d'un seul mot ou d'une suite de mots. Parmi les analyseurs syntaxiques qui existent, nous citons celui de [Riloff, 1996] qui s'appuie sur l'utilisation de patrons syntaxiques définis manuellement. Nous citons aussi l'outil Syntex [Bourigault et al., 2000] qui s'appuie sur un apprentissage des relations de dépendance entre mots pour extraire les syntagmes de différents types (nominaux, verbaux,...) et les organiser suivant un réseau de dépendance.

b) Les techniques statistiques

Les techniques statistiques se basent sur le calcul des fréquences des termes afin d'extraire les termes les plus utilisés. Ces derniers sont appelés concepts de domaine étudié. Les termes sont ensuite sélectionnés à partir de leurs occurrences dans les documents. Ces techniques peuvent utiliser un anti-dictionnaire pour supprimer les mots vides puis sur l'optimisation des termes restants pour supprimer les variantes lexicales [Rijsbergen, 1979]. L'utilisation d'un anti-dictionnaire vise à éliminer les mots ayant un contenu informationnel vide. Ces mots qui peuvent être des articles, prépositions, adjectifs, adverbes, noms et même des verbes sont appelés mots vides et sont regroupés dans un anti-dictionnaire. L'utilisation d'un anti-dictionnaire permet de réduire considérablement le nombre de termes extraits.

VI.2.1.3. Extraction de liens de subsomption

Les liens de subsomptions dans une ontologie permettent d'organiser hiérarchiquement les concepts. Pour extraire ce type de liens, différentes méthodes ont été proposées. Ces méthodes s'appuient sur des approches statistiques ou linguistiques [Nathalie, 2005]. Les approches statistiques regroupent et structurent les termes par rapport à leurs occurrences dans les différents documents. Les approches linguistiques reposent sur une analyse syntaxique du contenu des documents et regroupent les termes ou des concepts par rapport à leur contexte d'apparition.

a) Approches statistiques

Les approches statistiques se basent sur le calcul des cooccurrences entre termes dans les documents. La cooccurrence est le fait d'avoir deux termes simultanés qui apparaissent plusieurs fois dans un texte. Les méthodes présentées dans cette section représentent l'ensemble des cooccurrences dans une matrice. Cette matrice est ensuite utilisée pour regrouper hiérarchiquement les termes, soit par application des méthodes de classification automatique, soit en s'appuyant sur des mesures de probabilité [Nathalie, 2005].

▪ Méthodes de regroupement hiérarchique de termes : Manning [Manning et al., 1999] indique que le regroupement non supervisé en classes permet la détection de relations de généralisation. Ainsi, Maedche [Maedche, 2000] propose d'appliquer les méthodes hiérarchiques pour le calcul de la cooccurrence des termes extraits des documents.

▪ Méthode reposant sur la probabilité de cooccurrence : dans Sanderson [Sanderson et al., 1999], l'association des termes repose sur une relation parent-enfant où le terme parent est plus général que le terme enfant. Cette relation entre termes est extraite d'après la cooccurrence asymétrique de termes.

b) Approches linguistiques

Les approches linguistiques s'appuient sur une analyse linguistique (syntaxique, morphologique, etc.) des documents pour extraire des relations entre termes issus des documents. L'analyse effectuée permet soit de définir des patrons d'extraction, soit de procéder au regroupement conceptuel [Nathalie, 2005].

▪ Approches reposant sur la définition des patrons : une des principales stratégies pour acquérir des relations sémantiques à l'aide du contexte des termes consiste à définir des patrons lexico-syntaxiques [Hearst, 1992] [Auger et al., 2008]. Les patrons sont définis à partir d'une étude du corpus et permettent d'extraire des relations d'hyperonymie. Dans ces travaux, les patrons syntaxiques définissant la relation taxonomique sont construits manuellement. Morin [Morin, 1999] a proposé une extension pour ces travaux à travers son système « Prométhée » en se basant sur l'apprentissage qui permet l'extraction automatique des patrons lexico-syntaxiques.

▪ Approche reposant sur le regroupement conceptuel : dans le système « ASIUM » Faure et ses collègues [Faure et al., 1998] indiquent que les relations taxonomiques sont acquises par un traitement syntaxique des documents. Des classes sont formées à partir des termes qui apparaissent après le même verbe et la même préposition en appliquant un algorithme de regroupement conceptuel. Les classes sont successivement agrégées pour former de nouveaux concepts et une hiérarchie constituant l'ontologie. Les classes formées doivent être labellisées par un expert de domaine pour identifier le concept qu'elles représentent.

VII. Les outils de construction d'une ontologie

La construction d'une ontologie passe par deux phases, la première phase est la méthode à suivre pour la construction de l'ontologie et la deuxième phase est le choix des outils de construction d'une ontologie. Ceci nécessite en premier lieux le choix du langage de représentation de l'ontologie et ensuite le choix de l'outil de développement de l'ontologie.

Dans cette section, nous allons présenter les langages de représentation et les outils de développement des ontologies.

VII.1. Les langages de représentation d'ontologies

Une des principales décisions à prendre dans le procédé de développement d'ontologies consiste à choisir le langage dans lequel l'ontologie sera exprimée et utilisée.

Le boom d'Internet a mené à la création de différents langages d'implémentation des ontologies exploitant les caractéristiques du Web. Ces langages sont connus sous le nom de langages d'ontologie dans le contexte du Web sémantique (web based ontology language). Parmi ces langages nous citons XOL (Ontology Exchange Language), SHOE (Simple HTML Ontology Extension) qui a été précédemment basé sur le HTML, RDF (Resource

Description Framework) et RDF Schéma qui est une extension de RDF. Tous ces langages sont basés sur le langage XML [Souheila, 2009]. Par la suite, deux autres langages ont été développés comme une extension de RDF(S) à savoir DAML (DARPA Agent Markup Language) +OIL (Ontology Inference Layer) et OWL (Ontology Web Language) qui est le successeur de DAML+OIL. Ces langages sont basés sur la logique de description [Souheila, 2009]. Nous allons détailler par la suite les deux langages RDF et OWL qui sont les plus couramment utilisés pour représenter les ontologies.

a) Le langage RDF

Le langage RDF est un vocabulaire XML qui permet la description des ressources ou des relations entre ressources. Il permet de décrire trois types d'objets : les ressources qui représentent tous les objets décrits par RDF, les propriétés qui peuvent être un attribut ou un aspect ou une caractéristique qui s'applique à une ressource, et enfin les valeurs qui sont celles qui sont prises par les propriétés [Souheila, 2009].

Le langage RDF offre une extension appelée RDF Schema (RDFS) qui offre les moyens pour définir un modèle de méta-données et qui permet de donner un sens aux propriétés associées à une ressource et de formuler des contraintes sur les valeurs associées à une propriété afin de lui assurer une signification [Souheila, 2009].

b) Le langage OWL

Le langage OWL est un vocabulaire XML basé sur RDF. Grâce à un vocabulaire large et une vraie sémantique formelle, OWL offre aux machines une plus grande capacité d'interprétation du contenu web que RDF et RDFS. OWL est fractionné en trois langages distincts : OWL LITE, OWL DL et OWL FULL. OWL Lite est une version avec des fonctionnalités réduites, c'est la version la plus simple du langage OWL. Cette version est d'expressivité faible par rapport aux autres sous-langages, mais qui reste quand même suffisante pour des utilisateurs qui ont principalement besoin d'une hiérarchie de classification et de contraintes simples. Quant au langage OWL DL (Ontology Web Language Description Logics), il est utilisé dans la logique descriptive. La troisième version de langage OWL est celle d'OWL Full qui est une version qui offre un maximum d'expressivité. Il a l'avantage de la compatibilité complète avec RDF/RDFS, mais aucune garantie concernant la calculabilité (la complétude et la décidabilité des calculs liés à l'ontologie) n'est offerte que par ce langage [Souheila, 2009].

En OWL, les éléments de base d'une ontologie sont représentés de la façon suivante :

- Les concepts de l'ontologie sous forme de *owl:Class* ;
- Les attributs de concepts sous forme de *owl:DatatypeProperty* ;
- Les relations entre concepts sous forme de *owl :ObjectProperty*.

Owl :Thing est une classe prédéfinie. Toute classe OWL est une sous-classe de *owl :Thing*.

VII.2. Outils de développement des ontologies

Dans cette section, nous allons présenter quelques outils d'ingénierie ontologique. Ces outils permettent à l'utilisateur de créer des ontologies de manière indépendante des langages de représentation et de prendre en charge la phase d'opérationnalisation de l'ontologie en l'exportant dans des langages informatisés standards.

a) OilEd

OiLEd est un éditeur d'ontologie dans les langages de représentation OIL et DAML+OIL [Bechhofer et al., 2001]. Il est orienté vers la représentation des connaissances en logique de description expressive et fournit tous les éléments d'interface permettant de spécifier des hiérarchies de concepts et de rôles, les restrictions sur les rôles et les instances. Afin de tester la cohérence de l'ontologie construite, cet éditeur peut être connecté à un raisonneur de logique des descriptions, tel que FaCT et RACER, capable de tester la satisfiabilité des ontologies construites ou d'expliciter de nouvelles relations de subsomption entre concepts complexes [Bechhofer et al., 2001].

b) OntoEdit

ONTOEDIT est un environnement de construction d'ontologie indépendant de tout formalisme. Il permet l'édition des hiérarchies de concepts et de relations et l'expression de propriétés et d'axiomes algébriques portant sur les relations. Cet outil est fondé sur un processus de développement d'ontologies suivant les différentes étapes de la méthode de construction ON-TO-KNOWLEDGE et met à la disposition de l'utilisateur plusieurs vues graphiques correspondant aux différentes phases de conception de l'ontologie [Sure et al., 2002].

c) WebODE

WebODE est un éditeur qui permet de construire une ontologie au niveau connaissance. Il est composé de plusieurs modules : un éditeur d'ontologie qui intègre la plupart des services nécessaires à la construction d'ontologies (édition, navigation, comparaison, fusion, raisonnement...), un système de gestion des connaissances à base ontologique, un outil pour annoter les ressources du web et un éditeur de services pour le Web sémantique [Arpirez et al., 2003].

d) WebOnto

WebOnto est un éditeur qui supporte la navigation collaborative, la création et l'édition d'ontologie sur le web. Les ontologies WebOnto sont implémentées dans le langage OCML. Le langage OCML est une combinaison des frames et de la logique de premier ordre. Il permet de représenter les concepts, la taxonomie des concepts, les relations, les fonctions, les axiomes et les instances.

WebOnto supporte l'inclusion d'ontologie au moyen des interfaces graphiques [Domingue, 1998].

e) Protégé

Protégé est une plate-forme Open Source autonome, qui fournit un environnement graphique permettant l'édition, la visualisation et le contrôle d'ontologies (vérification des contraintes). Le modèle de représentation de connaissances de Protégé est issu du modèle des frames. Ce dernier contient des classes (pour modéliser les concepts), des slots (pour modéliser les attributs des concepts) et des facettes (pour définir les valeurs des propriétés et des contraintes sur ces valeurs), ainsi que des instances des classes. Protégé introduit la notion de méta-classe, dont les instances sont des classes. L'interface très complète ainsi que l'architecture logicielle extensible permettant l'insertion de plusieurs plug-ins offrant de nouvelles fonctionnalités, notamment des plug-ins pour gérer les représentations sous forme graphique. Toutes ces caractéristiques ont participé à son succès et le rendent l'éditeur d'ontologie jouissant de la plus grande renommée à l'heure actuelle, servant de référence pour une importante communauté d'utilisateurs [Noy et al., 2000].

VIII. Exemples d'ontologies

Dans cette section, nous présentons les ontologies les plus populaires dans le domaine de l'ingénierie de connaissances.

VIII.1. WordNet : Ontologie de la langue naturelle

WordNet est une base de données lexicale développée par des linguistes du laboratoire des sciences cognitives de l'université de Princeton [Fellbaum, 1998]. Son but est de répertorier, classifier et mettre en relation de diverses manières le contenu sémantique et lexical de la langue anglaise. Les noms, les verbes, les adjectifs et les adverbes sont organisés en ensembles de synonymes, représentant le concept lexical sous-jacent. Les ensembles de synonymes sont reliés entre eux avec des relations [Yassine, 2009].

Plusieurs versions de WordNet ont été développées pour d'autres langues, mais la version anglaise est cependant la plus complète à ce jour [Nabila, 2008(b)].

VIII.2. Sensus

SENSUS est une taxonomie de 70.000 nœuds terminologique, comme un cadre dans lequel la connaissance supplémentaire peut être placée. SENSUS est une extension de WordNet. En effet, les principales branches de WordNet ont été réarrangées pour s'adapter. SENSUS est une ontologie basée sur le langage naturel qui a pour fonction de fournir une vaste structure conceptuelle aux travaux menés en matière de traduction automatique [Swartout et al., 1997].

VIII.3. UMLS

UMLS est considéré comme un thésaurus complet et une ontologie de concepts biomédicaux. Elle a été développée dans le cadre du système UMLS (Unified Medical Language System) qui est un recueil de nombreux vocabulaires contrôlés dans le domaine des sciences biomédicales. En fait, UMLS fournit une structure de mappage entre ces vocabulaires et permet ainsi de traduire entre les différents systèmes de terminologie. Elle fournit aussi des installations pour le traitement du langage naturel. Elle est destiné à être utilisé principalement par les développeurs des systèmes en informatique médicale. UMLS se compose de sources de connaissances (bases de données) et un ensemble d'outils logiciels [Lindberg et al., 1993].

VIII.4. Cyc

Cyc est une ontologie développée dans le cadre d'un projet d'intelligence artificielle (IA) qui cherche à développer une ontologie globale et une base de connaissance générale, dans le but de permettre à des applications d'intelligence artificielle de raisonner d'une manière similaire à l'être humain [Lenat et al., 1990].

IX. Conclusion

Dans ce chapitre, nous avons cité dans un premier lieu quelques différentes définitions de l'ontologie en mettant l'accent sur celles les plus célèbres. Dans un deuxième lieu, nous avons détaillé les différents composants d'une ontologie ainsi que les différents types d'ontologies, en précisant l'utilité des ontologies. Dans un troisième lieu, nous avons cité les différentes méthodologies de construction d'ontologies en mettant l'accent sur la méthodologie de construction à partir de textes parce qu'elle fait l'objet de notre méthode détaillée dans le deuxième chapitre. Enfin, nous avons présenté quelques langages et outils de construction d'ontologies ainsi que quelques exemples d'ontologies.

Dans le chapitre suivant, nous allons détailler la méthode que nous proposons pour la construction d'une ontologie de domaine.

Chapitre II : Méthode proposée pour la construction d'une ontologie de domaine

I. Introduction

Les ontologies sont à l'heure actuelle parmi les modèles les plus invoqués en ingénierie de connaissances, visant à établir des représentations à travers lesquelles les machines puissent manipuler la sémantique des informations. La construction des ontologies demande à la fois une étude des connaissances humaines et la définition de langages de représentation, ainsi que la réalisation de systèmes pour les manipuler.

Dans notre travail, nous nous intéressons à la construction des ontologies d'une manière semi-automatique. Ainsi, nous présentons dans ce chapitre une méthode hybride pour la construction d'une ontologie de domaine à partir de textes afin d'automatiser cette tâche. Nous commençons ce chapitre par un aperçu général de la méthode proposée. Par la suite, nous détaillons les différentes étapes à suivre pour la construction d'une ontologie de domaine à partir de textes. En effet, la méthode proposée consiste en trois phases de base. La première phase est la construction et le traitement du corpus. La deuxième phase concerne la construction de l'ontologie. La troisième phase traite l'évaluation de l'ontologie construite.

II. Méthode proposée

Dans cette section, nous décrivons notre méthode pour la construction d'une ontologie de domaine à partir de textes. Cette méthode servira à la génération semi-automatique d'une ontologie de domaine en se basant sur une méthode statistique pour l'extraction des termes et des concepts et une méthode linguistique pour l'identification des relations sémantiques entre les concepts.

La méthode proposée consiste en trois phases fondamentales, à savoir la construction et le traitement du corpus, la construction de l'ontologie et l'évaluation de l'ontologie. La première phase est composée de trois étapes à savoir la construction du corpus, le traitement du corpus et la normalisation du corpus. La deuxième phase est composée de trois étapes à savoir l'extraction des

27

concepts, la définition des patrons et l'extraction des relations. La troisième phase est composée de trois étapes à savoir la comparaison des concepts, la comparaison des relations et la comparaison des instances de concepts. Ces phases et ces étapes sont représentées dans la figure 2.

Phase de construction et traitement du corpus

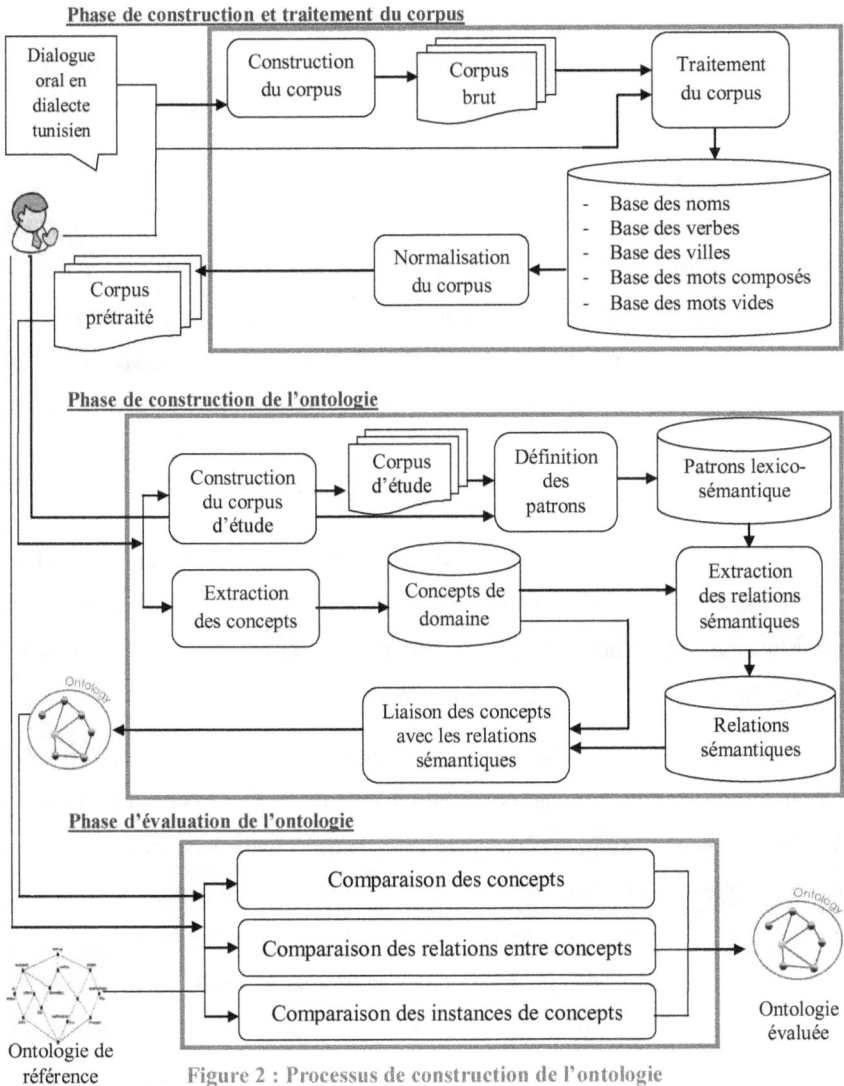

Figure 2 : Processus de construction de l'ontologie

III. Différentes phases de la méthode proposée

La méthode proposée passe par les trois phases principales : construction et traitement du corpus, construction de l'ontologie et finalement l'évaluation de l'ontologie. Chaque phase comporte plusieurs étapes de traitements.

III.1. Construction et traitement du corpus

Cette phase est primordiale car elle représente le point de départ de traitements et sur laquelle se base les autres phases de la méthode.

III.1.1. Construction du corpus

La construction d'une ontologie de domaine à partir de textes nécessite une étape de construction de corpus qui représente les connaissances du domaine [Condamines, 2005]. En effet, dans notre cas d'étude, le corpus représente un ensemble de documents d'un domaine bien déterminé. L'étape de construction du corpus est à la fois primordiale et délicate car le corpus représente le point de départ et la base qui regroupe les concepts de domaine à étudier et qui seront représentés par la suite par une ontologie de domaine.

Au niveau de cette étape, nous distinguons deux façons pour la construction de l'ensemble de documents constituant le corpus. La première se base sur l'existence des documents et la deuxième se base sur l'absence des documents [Lame, 2002].

Dans le premier cas où les documents à partir desquels nous allons former le corpus existent, il suffit de rassembler les documents à fin de couvrir le domaine à traiter. Prenons l'exemple d'une ontologie du domaine « Assurance Maladie » qui nécessite la collection des documents suivants : les demandes d'accord préalable tels que la demande de prise en charge de lithotripsie externe, la demande de prise en charge d'une rééducation fonctionnelle, la demande de prise en charge de soins et le bulletin de remboursement des frais de soins etc. Il

29

faut aussi consulter le Web pour la collecte d'information comme le site web de la CNAM [Houda et al., 2012].

Dans le deuxième cas où les documents à partir desquels nous allons former le corpus n'existent pas, il faut commencer par créer les documents constituant la source à partir de laquelle nous allons faire la construction du corpus. C'est le cas dans notre travail où les documents n'existent pas, puisque nous étudions le domaine des renseignements oraux relatifs au ferroviaire. Dans notre cas, la situation apparaît plus critique puisqu'il s'agit d'un corpus oral. En fait, l'établissement d'un tel corpus requiert un effort majeur. La phase de construction et de traitement du corpus est décomposée en trois étapes à savoir la transcription du corpus, le traitement du corpus et la normalisation du corpus.

Cette étape consiste à la transcription d'un corpus oral en dialecte tunisien dans le domaine des renseignements ferroviaires. En effet, le corpus TuDiCoI (Tunisian Dialect Corpus Interlocutor) [Marwa et al., 2010] est un corpus de dialogue oral en dialecte tunisien qui regroupe un ensemble de dialogues entre les agents de guichets de la SNCFT (Société Nationale des Chemins de Fer Tunisien) et les voyageurs qui demandent des renseignements sur les horaires de train, les tarifs, la réservation, etc. Vu l'absence d'outils pour la transcription automatique de dialogues en dialecte tunisien, nous avons eu recours à une transcription manuelle en nous basant sur la phonétique pour mettre en relief l'accent tunisien dans le dialogue. Ce corpus consiste en 1825 dialogues qui représentent 6533 énoncés clients et 5649 énoncés agents. Le tableau 1 décrit les caractéristiques du corpus TuDiCoI.

Dialogue	1825
Mots	21682
Énoncé client	6533
Moyenne énoncé client / Dialogue	3,579
Moyenne mot / Énoncé	3,318

Tableau 1. Caractéristiques du corpus TuDiCoI

La figure 3 représente un extrait du corpus TuDiCoI après l'étape de transcription.

```
<dialogue>
    <A></A>أي تفضل خويا
    <C></C>مع وقتاش بلله إي إي التران يمشي
    <A></A>ماضي ساعه وربعه
    <C></C>ما ثماش واحد اخر تو
    <A></A>لا ماك ماذاك هو
    <C></C>ثماش واحد اخر بعد و
    <A></A>ثم لحداش متع الليل
</dialogue>
<dialogue>
    <A></A>أي خويا
    <C></C>بلله تسكره لتونس ماضي ساعه
    <C></C>ماضي ساعه و قداش هوا
    <A></A>وربع حداش وتسعمية
    <A></A>شوفلي تسعميه يعيشك
    <C></C>ما عنديش تسعميه
    <A></A>خمسه الاف عندكشي
    <A></A>برا جيبلي ألفين
</dialogue>
```

Figure 3 : Extrait du corpus brut

La section suivante présente l'étape de traitements nécessaires pour le corpus afin de permettre son exploitation pour la construction d'une ontologie de domaine.

III.1.2. Traitement du corpus

L'idée de base de cette étape est de traiter le corpus afin de standardiser les termes du domaine. Ceci nécessite la construction de cinq bases à savoir la base des noms, la base des verbes, la base des villes, la base des mots composés et la base des mots vides. Cette étape de traitement présente un défi majeur car nous sommes dans le cadre de traiter le dialecte tunisien qui souffre de l'absence d'outils et de ressources linguistiques telles que les analyseurs morphologiques, syntaxiques et sémantiques ainsi que l'absence des dictionnaires. Cette étape est réalisée manuellement par l'expert du domaine.

Commençons par la construction des bases des noms, des verbes et des villes. En effet, nous cherchons à rapprocher les syntagmes nominaux ayant des contextes morphologiques similaires et constituer ainsi des classes des candidats

31

termes. Lors de cette étape, le concepteur et l'expert de domaine doivent se familiariser avec le domaine, dégager les champs conceptuels importants et entamer la validation des candidats termes qui seront des constituants de l'ontologie de domaine. Les candidats termes qui apparaissent dans un champ conceptuel représentent les étiquettes d'un concept. À ce niveau, nous allons construire des ensembles de synonymes, c'est-à-dire les termes jugés équivalents sont groupés et l'un des termes est choisi comme étiquette de concept.

À ce niveau, non seulement nous allons construire les ensembles de synonymes mais nous allons faire aussi des corrections orthographiques, étant donné que la transcription a été faite manuellement. En effet, vu l'absence de standard orthographique pour le dialecte tunisien, nous avons essayé en première étape de corriger l'orthographe du corpus en créant un dictionnaire de vocabulaires pour le domaine traité. Par exemple, nous avons remarqué que le mot « رزرفسيون » s'écrit de quatre façons différentes : « رزرفسيون, رازرفسيون » , « ريزرفسيون » , « رازارفسيون ». Nous avons remarqué aussi que le mot « بالله » s'écrit de trois façons « بالله », «بالله», « بلاهي ». Donc nous avons essayé de l'écrire d'une seule façon.

Par la suite, nous allons réaliser une analyse morphologique de surface qui a été faite par la méthode à stockage complet [Clavier et al., 1994] vu l'absence d'analyseur morphologique pour le dialecte tunisien. En effet, nous avons construit une base des transformations morphologiques possibles pour les verbes et les noms. Cette analyse morphologique nous a permis d'enlever les « ال» et de revenir au singulier des mots (Par exemple, le mot «الترينوات» est transformé en « تران »). Nous avons aussi traité les verbes en revenant à sa forme canonique. Par exemple, nous remplaçons le mot « خارج » et « يخرج » par la forme canonique suivante « خرج ». Cette analyse nous a permis aussi de séparer la lettre « ل » du mot qui la suit, si ce mot appartient à la base des villes, et la remplacer par la préposition « إلى ». En effet, le mot « لتونس » est remplacé par «إلى تونس».

Par la suite, nous allons construire la base des mots vides (stop words) qui sont les termes jugés inutiles par l'expert du domaine. Par exemple, le mot « الحي » figure après un mot qui indique l'horaire. En effet, dans l'exemple « غدوه الحي ثم ترينوات ولاً لا », le mot « الحي » n'ajoute rien puisque le mot «غدوه» donne une information complète sur le temps, tout simplement c'est un mot du dialecte tunisien qui n'a aucun rapport avec le domaine d'étude.

Enfin, nous allons traiter les mots composés en construisant une base. Cette base va comporter l'ensemble des mots composés qui va associer des mots séparés par un espace et qui doivent être rassemblés pour avoir un sens. Par exemple, à propos des mots « بير », « بورقبه », chacun de ces mots tout seul n'a aucun sens dans le domaine traité. Mais si nous les rassemblons, nous obtenons le mot « بير_بورقبه » qui est le nom d'une ville.

III.1.3. Normalisation du corpus

L'étape de normalisation va servir par la suite au prétraitement du corpus brut afin d'avoir une nouvelle version du corpus que nous pouvons appeler un corpus prétraité. Dans cette étape, nous allons remplacer tous les mots par leurs synonymes, éliminer les mots vides et détecter les mots composés et analyser morphologiquement les verbes et les noms. La figure 4 représente un extrait du corpus brut (avant traitement) et après traitement.

```
<dialogue>                                          <dialogue>
    <A>أي تفضل خويا</A>
    <C>مع وقتاش بالله إي إي الثران يمشي</C>
    <A>ماضي ساعه وربعه</A>              <C>وقلتاه باله إي إي تران يغرج</C>
    <C>ما ثماش واحد اخر تو</C>
    <A>لا هاك هاذاك هو</A>                <C>كم واحد آخر تو</C>
    <C>ثماش واحد اخر بعد و</C>
    <A>ثم لعداش متع الليل</A>            <C>كم واحد آخر بعد</C>
</dialogue>
<dialogue>                                           </dialogue>
    <A>أي خويا</A>
    <C>بلله تسكره لتونس ماضي ساعه</C>     <dialogue>
    <C>ماضي ساعه و قداش هوا</C>
    <A>وربع حداش وتسعمية</A>             <C>باله تسكره إلى تونس ماضي ساعه</C>
    <A>شوفلي تسعميه يعيشك</A>
    <C>ما عنديش تسعميه</C>               <C>ماضي ساعه قداه</C>
    <A>خمسه الاف عندكشي</A>
    <A>برة جيبلي ألفين</A>              <C>تسعميه</C>
</dialogue>
                                                    </dialogue>
```

Figure 4. Extrait du corpus brut et son correspondant après traitement

III.2. Construction de l'ontologie

La phase de construction de l'ontologie passe par trois étapes à savoir l'extraction des concepts, la définition des patrons et l'extraction des relations.

III.2.1. Extraction des concepts

La phase précédente est très importante et très délicate car elle va nous aider à l'extraction des concepts. Dans notre travail, nous définissons un concept comme étant un mot dont nous avons écarté toutes ses caractéristiques linguistiques. Un concept est défini en choisissant l'un des termes qui sont jugés synonymes.

Un concept peut se fractionner en trois parties : un terme (appelé aussi Label), une notion et un ensemble d'objets. Le label d'un concept est l'expression linguistique utilisée généralement pour y faire référence. La notion désigne ce qui est appelé, au sens de la représentation des connaissances, l'intention d'un concept. Elle contient sa sémantique qui est définie à l'aide de propriétés, d'attributs, de règles et de contraintes. L'ensemble d'objets forme l'extension du concept. Il s'agit des objets auxquels le concept fait référence, autrement dit ses instances. Par exemple, le label du concept « train / تران » considéré comme un moyen de transport, renvoie aussi bien à la notion de

« train / تران » en tant que moyen de transport destiné au voyageur qu'à l'ensemble des objets de ce type : لوتوراي, ترينوات, قطار,....

Les termes candidats pour représenter les concepts d'une ontologie peuvent être extraits selon deux approches : linguistique ou statistique. L'approche linguistique analyse le rôle grammatical des mots dans ces textes, alors que l'approche statistique repose sur la fréquence d'apparition des mots dans les textes [Nathalie, 2005]. Nous avons déjà mentionné auparavant l'absence d'outils automatiques pour l'analyse linguistique du dialecte tunisien. Par conséquent, nous allons appliquer une méthode statistique pour l'extraction des concepts de notre domaine.

La méthode statistique appliquée consiste à calculer la fréquence de tous les termes qui forment le corpus. Par la suite, les concepts du domaine traité sont déterminés par leurs grandes fréquences d'occurrences.

Étant donné la taille importante du corpus d'étude, les termes du domaine vont avoir une occurrence importante. Pour cela, nous avons procédé à une étude statistique afin de calculer le nombre d'occurrences de chaque terme du corpus prétraité. Les termes qui ont une fréquence d'apparition assez importante représentent les concepts de domaine. Le seul problème apparaît avec les concepts de domaine qui ont une faible fréquence d'apparition. Dans ce cas, nous allons faire recours à l'expert du domaine pour préciser le seuil de fréquence à fixé. En effet, le rôle de l'expert du domaine consiste à chercher le concept qui a la plus petite valeur d'occurrence. Ce concept est considéré comme un concept seuil et chaque terme qui a comme valeur d'occurrence une valeur supérieure à celle du concept seuil est considéré comme un concept de domaine. Ainsi, nous avons mené une étude empirique pour suivre les changements de la valeur du concept seuil. Pour cela, nous avons pris au départ un échantillon de 500 énoncés de notre corpus, formé de 6533 énoncés clients, et nous avons calculé la valeur d'occurrence pour les trois concepts « رتور »,

«يوصل» et « تران ». Par la suite, nous avons ajouté 500 énoncés et nous avons fait le même travail jusqu'à l'utilisation de tous le corpus. Les valeurs obtenues sont indiquées dans le tableau ci-dessous ainsi que la courbe représentative de ces valeurs. Cette courbe indique que la valeur d'occurrence du concept seuil « رتور » fixé par l'expert du domaine, augmente avec la taille du corpus. Donc ce concept reste toujours le concept seuil qui a la plus petite valeur d'occurrence.

En effet, nous avons remarqué qu'à chaque fois que la taille de notre corpus augmente, le concept seuil reste toujours le même. Il a toujours la valeur d'occurrence la plus petite par rapport aux autres. Donc à chaque fois que nous augmentons la taille du corpus, nous devons calculer la fréquence du concept seuil et considérer par la suite tous les mots qui ont une fréquence plus grande comme concepts du domaine étudié. Le tableau 2 et la figure 5 expliquent l'étude empirique que nous avons réalisée.

Énoncés/ concepts	رتور	يوصل	تران
0	0	0	0
500	2	18	67
1003	5	30	110
1500	10	50	158
2009	13	66	196
2501	20	85	240
3003	23	101	296
3504	25	138	352
4000	27	148	401
4500	30	165	448
5008	33	185	491
5499	38	203	544
6000	41	217	580
6533	44	225	617

Tableau 2. Étude de l'évolution de l'occurrence de trois concepts par rapport à la taille du corpus

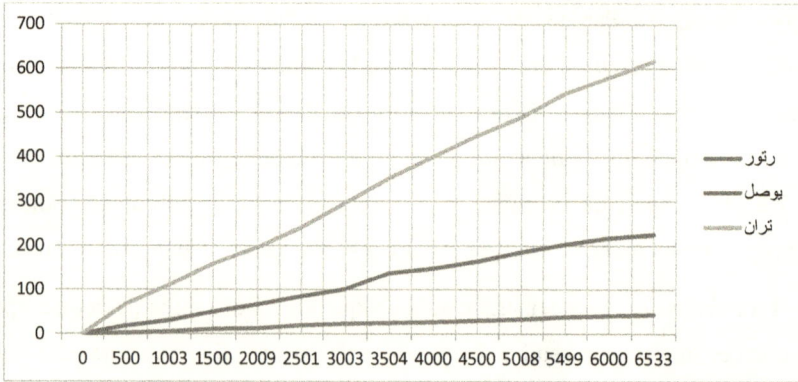

Figure 5. Courbe d'occurrence de trois concepts par rapport à la taille du corpus

Suite au résultat obtenu au niveau de cette étape, nous remarquons qu'il existe des termes qui représentent le même concept. Donc dans une étape ultérieure, il est nécessaire de les assembler pour les représenter dans l'ontologie par un seul concept. Pour cela, nous avons eu recours à l'expert du domaine qui nous a aidé à attribuer pour chaque ensemble de termes un concept bien déterminé. Le tableau qui suit présente les termes candidats obtenus et qui vont représenter par la suite les concepts du domaine « Renseignements ferroviaires ».

Concepts correspondants aux termes	Termes
مدينة	سوسه / صفاقس/ تونس
قطار	تران
طلب	وقتاه / قداه
تلطف	سلام_عليكم / بالله / يعيشك
تذكرة	تسكره
موافقة	باهي
رفض	لا
نوع_قطار	عادي / أكسبراس / أوتوراي
وقت	غدوه / الماضي ساعه
بطاقة	كارت
تردد	ال / ١١١/ آ
درجة	كنفور / برميير / دوزييم
عدد	ثلاثه / أربعه
نوع_تذكرة	ألي / ألي_رتور / رتور

Tableau 3. Extrait des concepts du domaine

37

III.2.2. Définition des patrons

La définition des patrons servira par la suite à l'identification des relations sémantiques entre les concepts. Afin de définir les patrons de domaine, nous avons fait une étude linguistique de la structure des énoncés oraux. Ceci nous a permis de remarquer que les énoncés oraux dans un domaine limité respectent des patrons lexico-sémantiques afin d'extraire les relations sémantiques de domaine. En fait, cette idée qui consiste à utiliser ce type de patrons a été introduite par Hearst [Hearst, 1992]. Dans ses travaux, les patrons syntaxiques définissant les relations taxonomiques sont construits manuellement. Les relations sont ensuite extraites automatiquement à partir du corpus. Un exemple de patron est le suivant « SN {,SN}*{,}ou autres SN » où SN dénote la présence d'un syntagme nominal. Dans notre travail, nous adoptons cette idée afin d'extraire les relations sémantiques en utilisant les patrons lexico-sémantiques. La définition des patrons s'effectue d'une manière semi-automatique, elle est réalisée en passant par deux sous-étapes, la première est manuelle et la deuxième est automatique.

Avant d'entamer la définition des patrons, il faut tous d'abord former un corpus d'étude qui représente à peu près 30% du corpus prétraité. Dans notre travail, nous nous basant sur un corpus d'étude pour définir les patrons.

La première étape consiste à parcourir le corpus d'étude énoncé par énoncé et définir manuellement le patron correspondant pour chaque énoncé. Notons à ce niveau qu'un patron peut être détecté à partir de plusieurs énoncés. Dans ce cas nous devons garder un seul exemplaire de ce patron. Les patrons retenus sont ensuite validés par un expert de domaine.

La deuxième étape consiste à informatiser tous les patrons, obtenus dans la phase manuelle, en suivant une classification qui se base sur le type de la relation définie par un patron. Cette classification est nécessaire par la suite au niveau du parcours de la base des patrons afin de réduire le temps d'exécution de ce processus. Prenons l'énoncé suivant pour montrer un exemple de patron :

Soit l'énoncé suivant :   ‏<C>سلام_عليكم تران إلى تونس ألي_رتور بقداه</C>‏

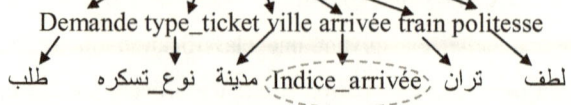

Le patron correspondant à cet énoncé est :{politesse, train, indice_arrivée, ville, type_ticket, demande}.

III.2.3. Extractions des relations

Après avoir finalisé l'étape de la définition des patrons permettant la détection des relations sémantiques, l'étape suivante consiste à projeter les patrons obtenus sur les énoncés du corpus. Au niveau de cette étape, il est nécessaire d'utiliser les résultats obtenus au niveau de l'étape « Extraction des concepts » et l'étape « Définition des patrons » afin de détecter les relations sémantiques du domaine.

Afin de définir la base des relations, nous avons élaboré une étude approfondie de notre corpus en nous basant sur l'étape d'extraction des concepts. Nous avons remarqué après cette étude que les relations sémantiques sont de deux types à savoir des relations sémantiques explicites et des relations sémantiques implicites. Commençant par les relations explicites, nous remarquons que nous avons trois relations sémantiques explicites : « départ/ خروج », « arrivée/ وصول » et « choix/ إختيار ». Pour détecter une relation, il faut tout d'abord trouver le patron correspondant à l'énoncé traité, ensuite chercher une relation et enfin relier le premier concept avec le deuxième concept en utilisant la relation trouvée. Ceci est expliqué par l'exemple qui suit :

Soit l'énoncé suivant :   ‏<C>سلام_عليكم تران إلى تونس ألي_رتور بقداه</C>‏

Demande type_ticket ville arrivée train politesse

طلب   نوع_تسكره مدينة   Indice_arrivée   تران   لطف

Le patron correspondant est :

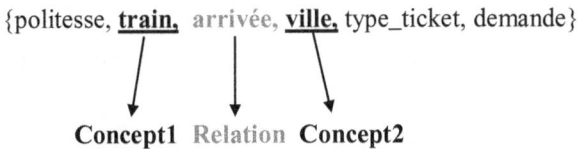

{politesse, **train,** arrivée, **ville,** type_ticket, demande}

Concept1 Relation **Concept2**

Traitons maintenant les relations sémantiques implicites. La détection de ces relations se base non seulement sur la projection des patrons sur les énoncés de notre corpus, mais elle nécessite l'intervention de l'expert du domaine qui va nous aider à définir les relations entre les concepts qui restent. Après avoir projeté les patrons sur les énoncés, la sous-étape suivante consiste à chercher l'occurrence de chaque couple de concepts qui se suivent et entre lesquels nous devons définir une relation sémantique en nous basant sur les recommandations de l'expert de domaine. L'exemple qui suit explique cette étape :

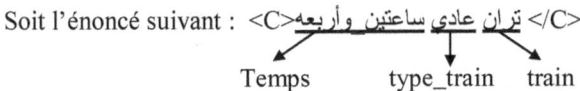

Soit l'énoncé suivant : <C>تران عادي ساعتين وأربعه</C>

Temps   type_train   train

Le patron correspondant est : **train type_train temps**

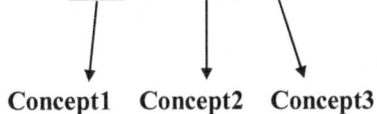

Concept1   **Concept2**   **Concept3**

Le concepteur de domaine indique l'existence d'une relation sémantique « train_est_de_type/تران_من_نوع » entre le premier concept « train / تران » et le deuxième concept « type_train/نوع_تران ». Donc nous devons définir dans notre ontologie une relation nommée « train_est_de_type/تران_من_نوع » qui relie les deux concepts « train / تران » et « type_train/نوع_تران ».

Après avoir achevé la projection de tous les patrons sur notre corpus, nous avons obtenu les relations explicites suivantes :

- La relation « départ / خروج» qui relie les deux concepts « train / تران » et « ville / مدينة ».

- La relation « arrivée /وصول » qui relie les deux concepts « train / تران » et « ville / مدينة ».

- La relation « choix / إختيار» qui est une relation réflexive sur les concepts suivants « Nombre / عدد », « classe / كلاس », « ville / مدينة », « type_train / نوع_تران », « temps / وقت ».

Après l'étude que nous avons menée et en ayant recours à l'expert du domaine, nous avons dégagé d'autres relations implicites qui relient les concepts du domaine traité. Ces relations sont exprimées dans le tableau 4.

Concepts	Relations
Train / قطار Temps / وقت	Horaire / توقيت
Train / تذكرة Classe / درجة	Possède / لها
Train / قطار Type_train / نوع_قطار	Train_de_type / قطار_من_نوع
Ticket / تذكرة Type_ticket / نوع_تذكرة	Ticket_de_type / تذكرة_من_نوع
Ticket / تذكرة Carte / بطاقة	Avec_existance / مع_توفر
Ticket / تذكرة Train / قطار	Est_un / هي
Politesse / تلطف Hésitation / تردد	Politesse _avec / تلطف_بـ
Rejet / رفض Ticket / تذكرة	Rejet_ticket / رفض_تذكرة
Rejet / رفض Nombre / عدد	Rejet_nombre / رفض_عدد
Rejet / رفض Demande / طلب	Rejet_demande / رفض_طلب
Rejet / رفض Type_train / نوع_قطار	Rejet_type_train / رفض_نوع_قطار
Rejet / رفض Type_ticket / نوع_تذكرة	Rejet_type_ticket / رفض_نوع_تذكرة
Rejet / رفض	Rejet_temps / رفض_وقت

Temps / وقت	
Nombre / عدد Ticket / تذكرة	Nombre_de / عدد_من
Demande / طلب Politesse / تلطف	Avec / بـ
Demande / طلب Carte / بطاقة	Achat / شراء
Demande / طلب Ticket / تذكرة	Demande_ticket / طلب
Demande / طلب Hésitation / تردد	Demande_avec / طلب_بـ
Acceptation / موافقة Ticket / تذكرة	Acceptation_ticket / موافقة_على_تذكرة
Acceptation / موافقة Classe / درجة	Acceptation_classe / موافقة_على_درجة
Acceptation / موافقة Demande / طلب	Acceptation_demande / موافقة_على_طلب
Acceptation / موافقة Temps / وقت	Acceptation_temps / موافقة_على_وقت

Tableau 4. Les relations implicites dans le domaine des renseignements ferroviaires

Après avoir présenté ces résultats, nous avons remarqué que les relations implicites sont plus nombreuses que les relations explicites. Cela est dû à l'oral spontané et au cas du dialecte dans un domaine limité qui s'exprime en utilisant les mots-clés du domaine en minimisant au maximum les relations sémantiques.

III.3. Évaluation de l'ontologie

L'évaluation de l'ontologie est une phase primordiale. Cette phase peut être réalisée de différentes manières, soit par la proposition d'un ensemble de métriques, soit par la comparaison de l'ontologie résultante avec une ontologie de référence. Nous avons profité de l'existence d'une ontologie de référence pour l'évaluation de notre ontologie. Cette phase comporte trois étapes qui peuvent être réalisées en parallèle à savoir la comparaison des concepts, la comparaison des relations et la comparaison des instances des concepts. Nous allons détailler ces différentes étapes dans le quatrième chapitre.

IV. Conclusion

Tout au long de ce chapitre, nous avons présenté notre contribution qui consiste à proposer une méthode hybride pour la construction d'une ontologie de domaine. En effet, nous avons détaillé les différentes phases de notre méthode pour la construction d'une ontologie de domaine. La première phase est la construction et le traitement du corpus qui consiste à créer, traiter et normaliser le corpus d'étude. La deuxième phase est la construction de l'ontologie qui comporte trois étapes à savoir l'extraction des concepts, la définition des patrons et l'extraction des relations sémantiques. La dernière phase est l'évaluation de l'ontologie qui est basée sur la comparaison de notre ontologie avec une ontologie de référence. Cette comparaison est effectuée sur trois étapes à savoir la comparaison des concepts, la comparaison des relations et la comparaison des instances de concepts.

Pour tester et valider notre proposition, nous avons réalisé un outil d'aide à la construction d'une ontologie de domaine en nous basant sur notre méthode hybride. La conception, l'implémentation et l'évaluation de cet outil feront l'objet du chapitre 3.

Chapitre III : Conception et réalisation de l'outil ABDO

I. Introduction

Après la présentation de la méthode proposée pour la construction semi-automatique d'une ontologie de domaine, nous présentons dans ce chapitre la conception et la réalisation du système « Assistant for Building Domaine Ontology » (ABDO) qui représente une mise en œuvre de la méthode que nous avons proposé pour la construction semi-automatique d'une ontologie de domaine.

Ce chapitre est structuré en trois parties. Nous commençons par la conception du système en utilisant le langage UML. Par la suite, nous décrivons les interfaces de l'outil ABDO. Nous présentons enfin un exemple d'une ontologie de domaine générée par l'outil ABDO.

II. Conception UML du système

Nous présentons dans ce qui suit la conception de notre système ABDO modélisée par le langage UML. Pour cela, nous décrivons les deux principaux diagrammes en UML qui sont le diagramme de cas d'utilisation et le diagramme de classes.

II.1. Diagramme de cas d'utilisation

Le diagramme de cas d'utilisation permet de modéliser les fonctionnalités informatiques d'un système. Ce diagramme montre l'ensemble des cas d'utilisation du système ainsi que leurs interactions de point de vue de l'utilisateur. Un cas d'utilisation modélise les services rendus par le système, alors qu'un acteur est un ensemble cohérent de rôles joués par les utilisateurs des cas d'utilisation en interaction avec les cas d'utilisation du système. La figure 6 représente le diagramme de cas d'utilisation de notre Système ABDO.

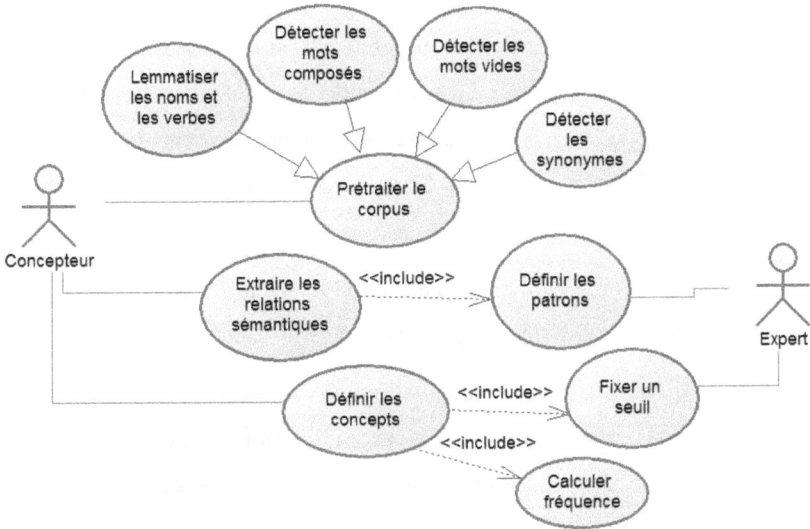

Figure 6. Diagramme de cas d'utilisation du système ABDO

Ce diagramme montre les étapes suivies par notre système pour la création automatique d'une ontologie de domaine. Nous détaillons dans ce qui suit les différents cas d'utilisation de notre système.

- Cas d'utilisation « Prétraiter » : l'acteur de ce cas d'utilisation est le concepteur. Le concepteur doit construire les bases de normalisation qui sont représentées par les cas d'utilisation suivants : « Lemmatiser les noms et les verbes », « Détecter les mots vides », « Détecter les mots composés » et « Détecter les synonymes ». Il peut les modifier en ajoutant ou supprimant un terme dans une base.

- Cas d'utilisation « Fixer un seuil » : l'acteur de ce cas d'utilisation est l'expert. L'expert intervient dans ce cas pour fixer un seuil à partir duquel les concepts sont définis.

- Cas d'utilisation « Définir les concepts » : l'acteur de ce cas d'utilisation est le concepteur, il doit fixer les concepts du domaine d'étude en se basant sur le cas d'utilisation « Fixer un seuil ».

- Cas d'utilisation « Calculer Fréquence » : ce cas d'utilisation est déclenché avant les cas d'utilisation « Fixer un seuil » et « Définir les concepts ». Il a pour but de calculer la fréquence de chaque mot afin de permettre à l'expert de fixer le seuil qui va être pris en compte par le concepteur pour définir les concepts de domaine.

- Cas d'utilisation « Définir les patrons » : L'acteur de ce cas d'utilisation est l'expert, il doit définir les patrons à partir d'un corpus d'étude.

- Cas d'utilisation « Extraire les relations sémantiques » : l'acteur de ce cas d'utilisation est le concepteur. Ce cas d'utilisation se déclenche à la suite du cas d'utilisation « Définir les patrons » parce que les relations sémantiques sont définies à partir des patrons.

II.2. Diagramme de classes

Le diagramme de classes est le diagramme le plus courant dans la modélisation des systèmes orientés objet. Il représente un ensemble de classes ainsi que leurs relations. Nous utilisons les diagrammes de classes pour modéliser la vue de conception statique d'un système [Booch et al., 1999]. La figure 7 représente le diagramme de classes de notre système.

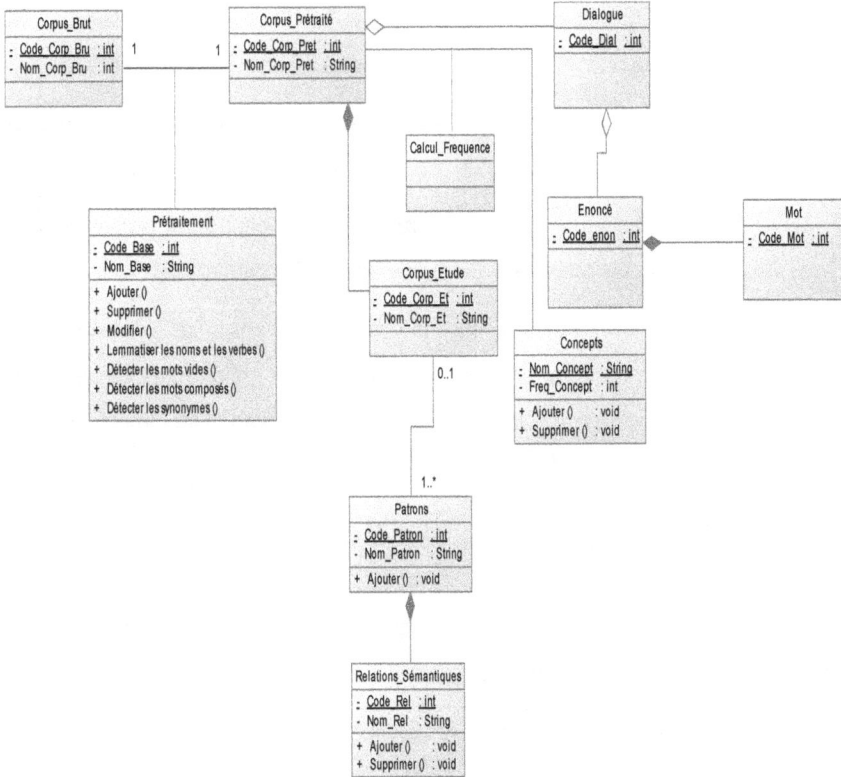

Figure 7. Diagramme de classes du système ABDO

Le diagramme de classes du système ABDO est constitué d'un ensemble de classes décrit comme suit :

- La classe « Corpus_Brut » : représente le corpus formé à partir de la transcription du dialogue oral en dialecte tunisien enregistré à la SNCFT (Société Nationale des Chemins de Fer Tunisien).

- La classe « Corpus_Prétraité » : représente le corpus prétraité. C'est le corpus brut après être passé par une étape de normalisation en appliquant des bases de normalisation. Un corpus prétraité est composé d'un ensemble de dialogues, chaque dialogue est composé d'un ensemble d'énoncés et chaque énoncé est composé d'un ensemble de mots.

- La classe « Dialogue » : cette classe regroupe l'ensemble de dialogues du corpus prétraité. Les dialogues sont détectés à partir des balises HTML.

- La classe « Enoncé » : cette classe regroupe l'ensemble des énoncés d'un dialogue. Les énoncés sont détectés à partir des balises HTML.

- La classe « Mot » : cette classe regroupe l'ensemble des mots d'un énoncé. Les mots sont détectés après la segmentation des énoncés.

- La classe « Prétraitement » : est un ensemble de bases qui vont servir à la normalisation de notre corpus. Elle regroupe les traitements effectués sur le corpus brut à savoir la lemmatisation, l'élimination des mots vides, la détection des mots composés et la synonymie.

- La classe « Concepts » : cette classe regroupe l'ensemble de concepts de domaine d'étude.

- La classe « Calcul_Frequence » : cette classe représente les fréquences d'apparition calculées pour les concepts de domaine.

- La classe « Corpus_Etude » : cette classe représente à peu près 30% du corpus prétraité.

- La classe « Patrons » : cette classe représente l'ensemble des patrons définis à partir du corpus d'étude.

- La classe « Relations_Sémantiques » : cette classe représente l'ensemble des relations sémantiques définies à partir de l'application des patrons sur le corpus prétraité et qui relient les concepts de domaine.

III. Présentation des outils de réalisation

Pour implémenter notre système, nous avons utilisé le langage de programmation Java, et en particulier l'environnement de développement NetBeans IDE 7.2 (avec le JDK 7) pour réaliser les interfaces graphiques du système. Nous avons employé aussi deux bibliothèques java existantes à savoir :

- jdom-1.1.2 (Java Library) qui représente une bibliothèque Java permettant la manipulation et le traitement des fichiers XML.

- jena-2.6.4 (Java Library) qui représente une bibliothèque Java qui permet l'exploitation des fichiers owl.

IV. Présentation du système ABDO : Assistant for Building Domain Ontology

Dans cette section, nous présentons l'interface de notre système ABDO qui représente un assistant d'aide à la construction semi-automatique d'une ontologie de domaine. Notre système permet aussi la mise à jour des bases de normalisation utilisées pour le traitement de notre corpus.

IV.1. Interface et fonctionnement du système ABDO

L'interface principale de notre système est formée de trois menus : « File », « DataBase Management» et « Help ».

Le menu « File » inclut quatre commandes à savoir : la commande « New/جديد » pour la construction d'une ontologie, la commande « Open/فتح » permet d'ouvrir une ontologie déjà existante, la commande« Save/تسجيل » pour enregistrer l'ontologie après sa construction et enfin la commande «Exit/خروج » pour quitter le système.

Le menu « DataBase Management » inclut quatre commandes à savoir « Noun/اسم » pour la visualisation et la mise à jour de la base de normalisation des noms, la commande «Verb/فعل » pour la visualisation et la mise à jour de la base de normalisation des verbes, la commande « Stop words/الكلمات الزائدة » pour la visualisation et la mise à jour de la base de normalisation des mots vides, la commande « Composed Tokens/كلمات مركبة » pour la visualisation et la mise à jour de la base de normalisation des mots composés.

Le menu « Help/مساعدة » inclut la commande « About/حول البرنامج » qui permet de visualiser une description du système.

Figure 8. Interface principale du système ABDO

IV. 2. Démarche à suivre : du corpus brut à l'ontologie de domaine

Le processus à suivre pour la construction automatique d'une ontologie de domaine est le suivant :

- Importation du corpus,
- Traitement du corpus,
- Étude statistique pour l'extraction des concepts,
- Définition des patrons,
- Création des bases des concepts,
- Projection des patrons sur le corpus prétraité pour la détection des relations sémantiques,
- Représentation de l'ontologie.

IV.2.1. Importation du corpus

Le système que nous avons développé prend en entrée un corpus au format XML. Donc nous devons tout d'abord choisir l'emplacement du corpus à partir duquel nous allons faire la construction de l'ontologie. Les deux figures suivantes montrent comment sélectionner un corpus existant et l'afficher par la suite.

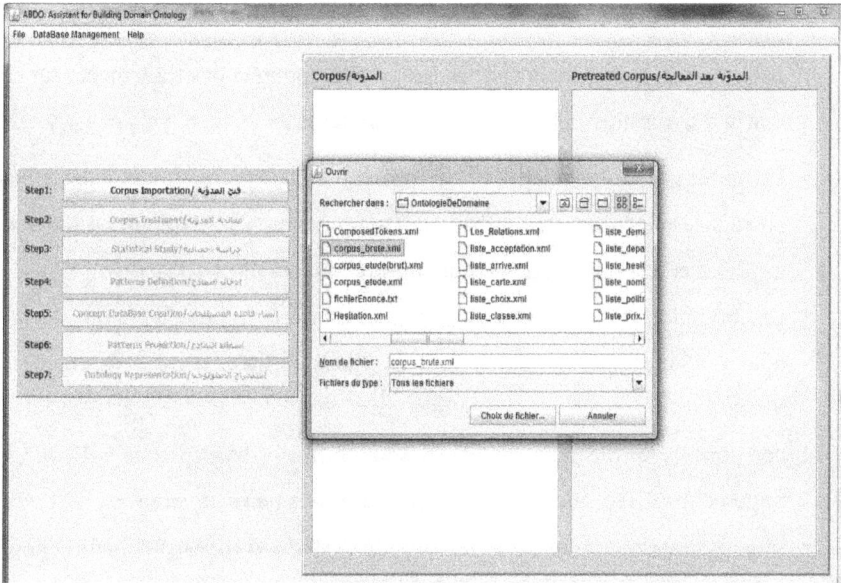

Figure 9. Choix du corpus

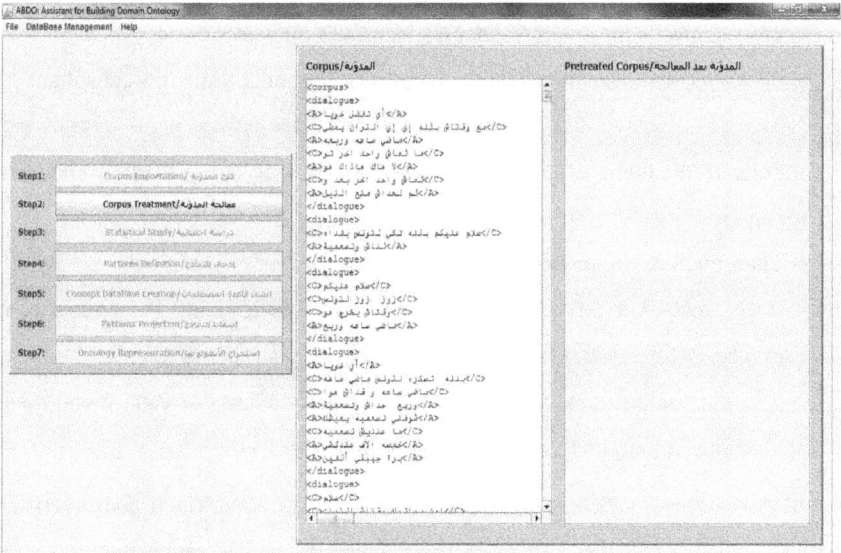

Figure 10. Affichage du corpus

IV.2.2. Traitement du corpus

Après avoir sélectionné le corpus, le système applique des traitements sur ce corpus afin d'avoir un corpus prétraité. Ces traitements incluent :

- Le traitement de la synonymie : remplacer les termes jugés équivalents par un seul terme à partir de la base des synonymies. Par exemple, « بلاصة », « تسكره » et « تكي » sont des synonymes remplacés par « تسكره ».

- La correction orthographique : suite à la transcription manuelle du corpus, nous trouvons le même terme écrit de plusieurs manières. Par exemple, le terme « بالله » est écrit de différentes manières « بالله », « بلله » et « باللاهي » que nous devons le corriger par une seule forme orthographique « بالله ». Ce traitement s'effectue en consultant les bases des noms et verbes.

- L'analyse morphologique de surface : le système réalise cette analyse pour enlever «الـ», revenir au singulier, avoir la forme canonique des verbes et remplacer « لـ » par « إلى » si la lettre « لـ » est suivie du nom d'une ville afin de séparer la relation « إلى » du nom de la ville qui la suit. Cette analyse s'effectue en consultant les bases des noms, verbes et villes.

- Le traitement des mots vides : supprimer les mots vides en consultant la base des stop words. Ces mots représentent des termes jugés inutiles par l'expert du domaine à partir de notre corpus et qui peuvent influencer négativement les résultats.

- Traitement des mots composés : rassembler les mots séparés par un espace si ces mots ont un sens utile dans le domaine d'étude. Par exemple, à propos des mots « بير », « بورقبه », chacun de ces mots tout seul n'a aucun sens dans notre domaine. Par contre en rassemblant ces deux mots, nous obtenons le mot « بير_بورقبه » qui est le nom d'une ville.

Avant d'entamer l'étape de traitement du corpus, il faut tout d'abord vérifier l'existence de ces bases que nous avons choisies de les représenter dans le langage XML (eXtensible Markup Langage). S'il faut des mises à jour, le système offre cette possibilité en consultant le menu « DataBase Management » et en faisant les mises à jour nécessaires. La figure 11 représente un extrait d'une base parmi les bases de normalisation.

Figure 11. Extrait de la base de normalisation des mots composés

Une fois les bases validées, le système applique les traitements nécessaires que nous avons cités auparavant, en s'appuyant sur les bases déjà créées pour avoir le corpus prétraité. L'étape de mise à jour des bases de normalisation n'est pas nécessaire s'il n'y a pas de modification au niveau de ces bases. Après la phase de traitement, le système affiche le corpus traité comme le montre la figure 12.

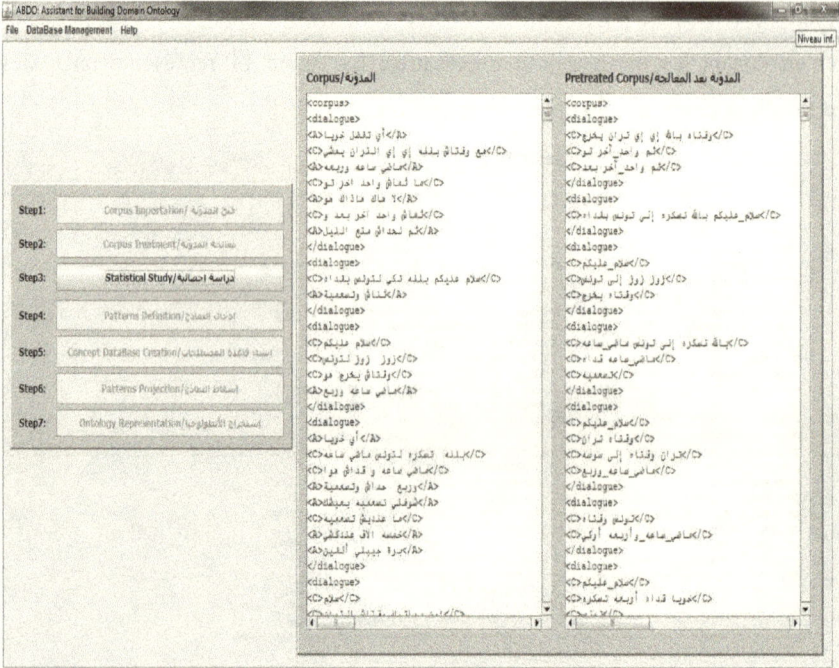

Figure 12. Résultat du traitement du corpus

IV.2.3. Étude Statistique pour l'extraction des concepts

Après avoir appliqué les traitements nécessaires sur le corpus, le système nous offre la possibilité d'identifier les concepts de domaine à travers une étude statistique. Au niveau de cette étape, le système fait le parcours du corpus prétraité pour calculer le nombre d'occurrence de chaque terme dans le corpus prétraité. La figure 13 montre le résultat de cette étape.

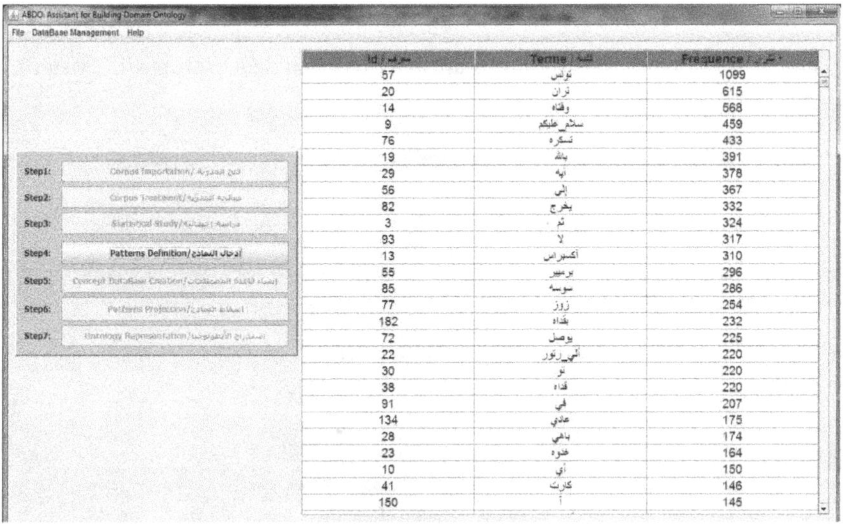

Figure 13. Extrait du résultat de l'étude statistique

IV.2.4. Définition des patrons

Après la réalisation de l'étude statistique qui nous a permis d'identifier les concepts de domaine, nous devons définir des patrons qui permettent la détection des relations entre les concepts que nous avons déjà définis. Ces patrons doivent être définis à partir d'un corpus d'étude qui représente à peu près 30% du corpus prétraité. La définition de ces patrons se fait à travers une interface en suivant les étapes suivantes : la première étape consiste à choisir le type de la relation à partir d'un ComboBox qui contient les relations traitées. Ensuite, il faut choisir le nombre des attributs de base et les attributs optionnels qui forment le patron. Un attribut de base est un mot qui doit être présent pour construire un patron par contre, un attribut optionnel est un mot avec lequel nous formons un nouveau patron. L'absence de l'attribut optionnel n'a aucune influence sur la présentation d'un patron. Nous faisons cette distinction entre les attributs du patron afin de réduire le nombre de patrons. Les attributs de base peuvent être représentés dans un patron à part, et pour chaque attribut optionnel, nous pouvons représenter un nouveau patron. Afin de réduire le nombre des patrons, nous avons assemblé ces attributs dans un seul patron s'il existe. La figure 14 présente l'interface permettant la définition des patrons.

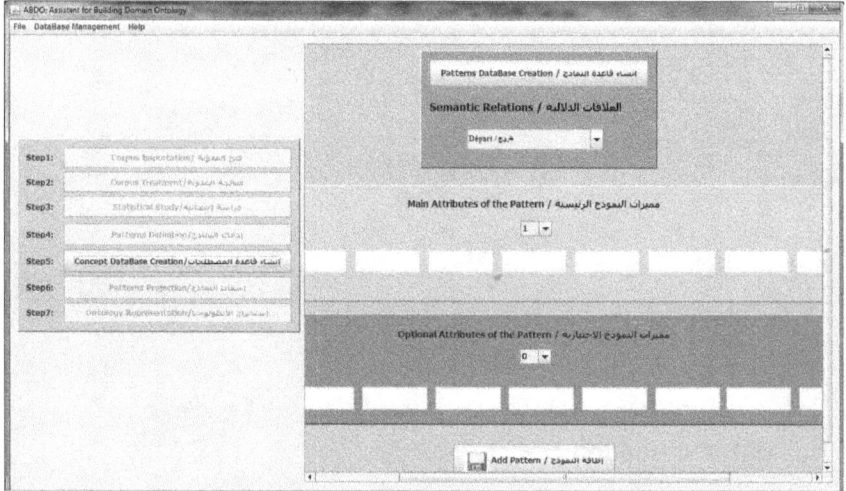

Figure 14. Interface de création de la base des patrons

Les patrons introduits à partir de cette interface vont être sauvegardés dans un fichier XML. La figure 15 montre un extrait de ce fichier.

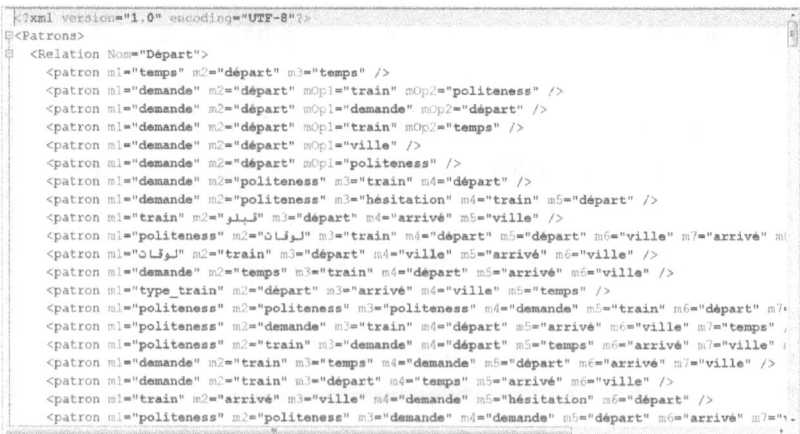

Figure 15. Extrait de la base des patrons

IV.2.5. Création des bases des concepts

Cette étape est indépendante de l'étape précédente. Au niveau de cette étape, il s'agit de construire une base pour chaque concept afin de rassembler les termes qui représentent un seul concept. Par exemple, le concept « Temps » peut être représenté par les termes suivants : « نص_الليل » , « ماضي_ثلاثه », « ماضي_ساعه » , « نص_وساعه », « ماضي_ساعه_ونص », etc. La figure 16 représente l'interface qui permet la création de la base de terme qui correspond à un concept et la figure 17 représente un extrait d'une base créée.

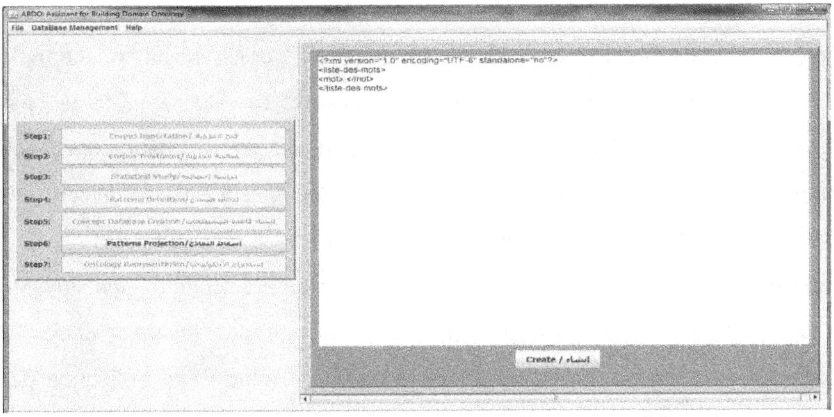

Figure 16. Interface de la création de la base d'un concept

Figure 17. Extrait de la base du concept temps

IV.2.6. Détection des relations explicites

Après avoir finalisé les deux étapes précédentes à savoir la définition des patrons et la préparation des bases des concepts, l'étape suivante consiste à analyser le corpus sémantiquement et ceci par parcourir le corpus prétraité énoncé par énoncé et trouver le correspondant de chaque terme dans un énoncé dans l'une des bases de concepts. S'il existe, le système remplace le terme par le concept correspondant et sauvegarde ceci dans un autre fichier temporaire sans toucher à l'origine du corpus, sinon il va garder le même terme. Après le parcours de tous le corpus, nous projetons les patrons sur l'ensemble des énoncés qui se trouvent dans le fichier temporaire. Pour assurer la projection, le système va chercher pour chaque énoncé (après avoir remplacé les termes par leur correspondant) le patron correspondant afin de détecter la relation qui existe entre les concepts qui se présentent dans cet énoncé. Chaque patron détecté doit être sauvegardé dans un fichier temporaire tout en éliminant les patrons redondants. Par la suite, le système va les utiliser au niveau de l'étape suivante « Représentation de l'ontologie » pour la détection des relations entre les concepts du domaine. La figure 18 représente le résultat de la projection des patrons sur le corpus prétraité.

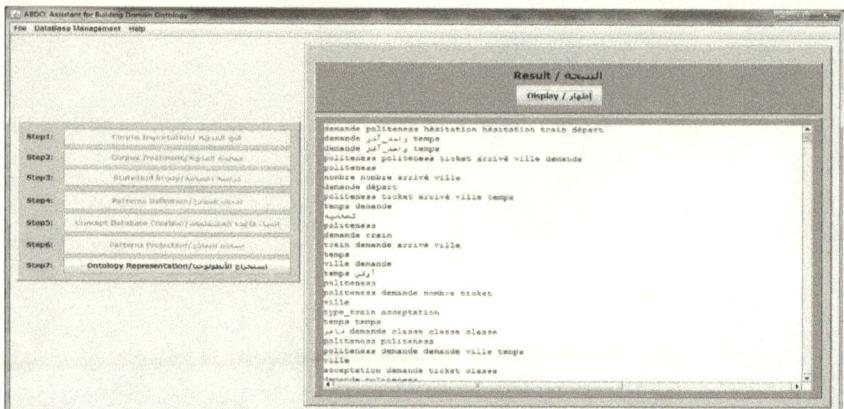

Figure 18. Projection des patrons sur le corpus prétraité

IV.2.7. Représentation de l'ontologie

Après avoir finalisé l'étape de détection des relations sémantiques entre les concepts, cette étape consiste à représenter les concepts de l'ontologie de domaine ainsi que les relations sémantiques qui les relient dans un format formel, sachant que dans le domaine étudié et selon les conditions de notre corpus, le système a pu détecter des relations explicites entre les concepts. Ces relations sont définies explicitement dans les patrons. Par contre, pour les relations implicites, le système va demander à l'expert s'il veut définir une relation à chaque fois qu'il rencontre deux concepts de domaine non reliés. En fait, l'interface du système donne la main à l'utilisateur d'ajouter une relation pour relier les deux concepts, comme il peut les laisser sans relation. La figure 19 montre ce que nous viendrons de décrire.

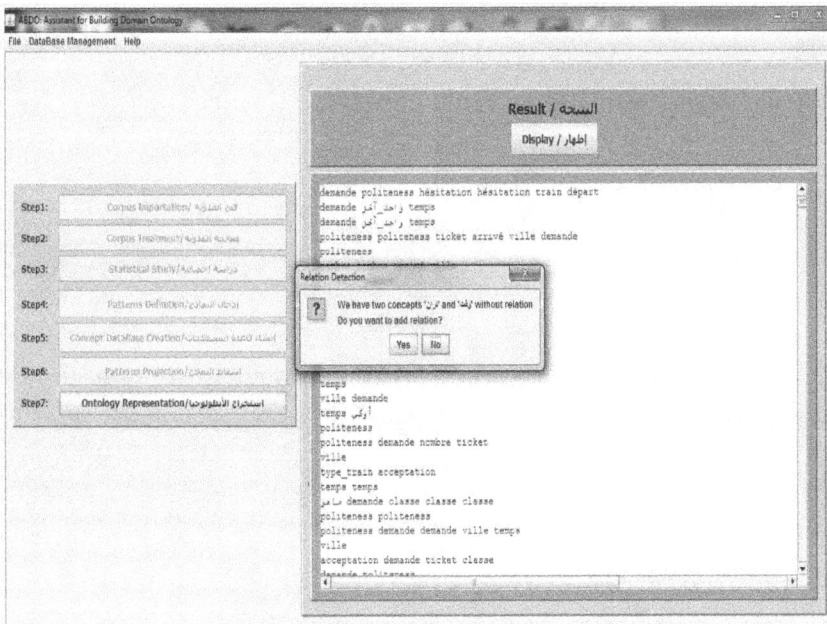

Figure 19. Validation des relations implicites

Au niveau de cet exemple, le système indique l'existence de deux concepts « train/تران » et « temps/وقت » qui ne sont pas reliés par une relation sémantique et demande l'avis de l'expert du domaine s'il veut les relier à travers une relation sémantique ou non. Si l'utilisateur refuse d'ajouter une relation, le système passe au cas suivant. Dans le cas contraire, le système demande à l'utilisateur d'attribuer un nom à cette relation. La figure 20 montre ceci.

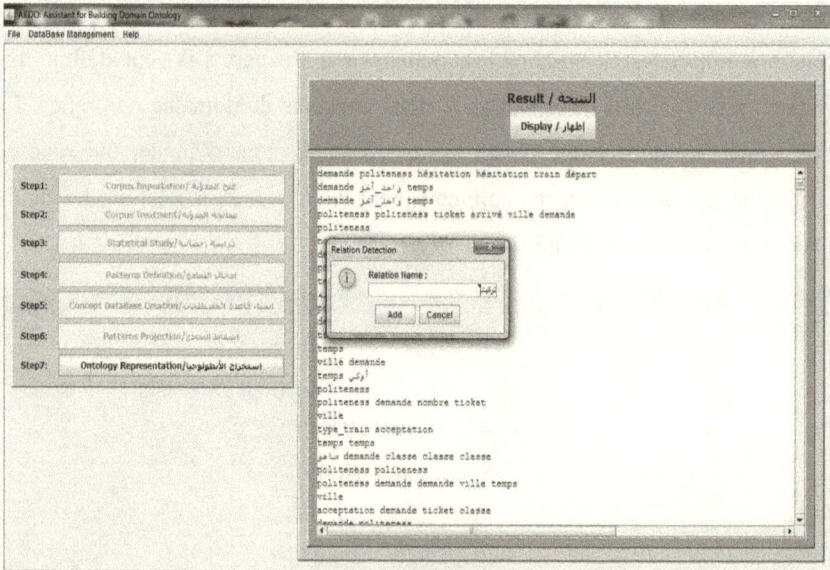

Figure 20. Ajout d'une relation implicite qui relie deux concepts du domaine

Après avoir relié les concepts, le système génère une représentation de l'ontologie dans le langage OWL. La figure 21 représente le fichier OWL de l'ontologie du domaine des renseignements ferroviaires.

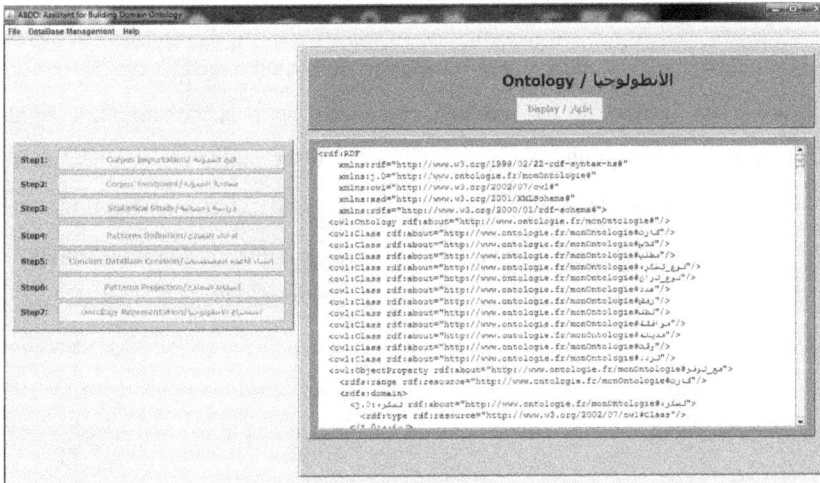

Figure 21. Représentation de l'ontologie de domaine avec le langage OWL

L'ontologie de domaine obtenue peut être visualisée avec le plugin OntoGraf de protégé 4.1 qui permet la visualisation graphique de l'ontologie représentée avec le langage OWL. La figure 22 représente l'ontologie obtenue graphiquement.

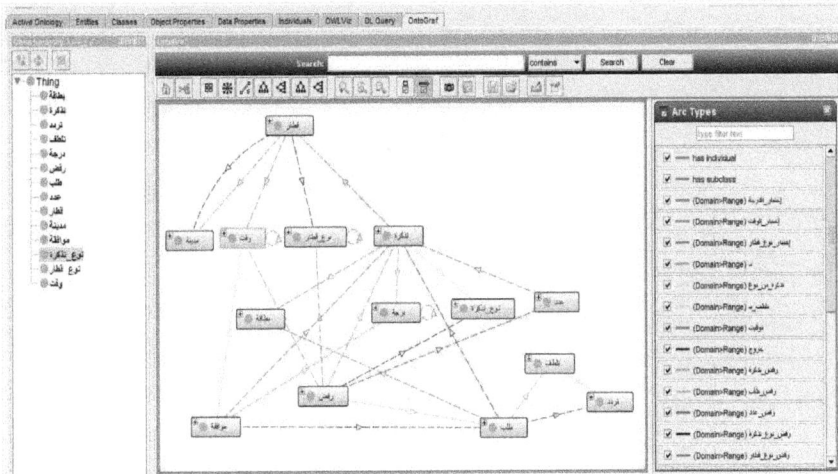

Figure 22. Visualisation de l'ontologie avec protégé

V. Conclusion

Ce chapitre a été consacré à la réalisation du système ABDO qui représente une mise en œuvre de la méthode proposée pour la construction semi-automatique d'une ontologie de domaine. En effet, nous avons présenté sa conception basée sur le langage de modélisation UML. Cette conception a été concrétisée dans deux diagrammes à savoir le diagramme de cas d'utilisation et le diagramme de classes. Puis, nous avons présenté les différentes étapes d'exécution de ce système à travers ses différentes interfaces. Ainsi, nous avons utilisé une séquence d'étapes d'exécution pour expliquer et détailler les différents modules.

Dans le chapitre suivant, nous présentons l'évaluation de l'ontologie résultante du système ABDO.

Chapitre IV : Évaluation de l'ontologie

I. Introduction

L'évaluation des ontologies constitue un sujet émergent. Nous pouvons établir cette évaluation de différentes manières, soit par la proposition d'un ensemble de métriques, soit par la comparaison de l'ontologie résultante avec une autre qui existe déjà. Une ontologie de domaine peut être évaluée selon plusieurs critères : la couverture d'un domaine particulier avec la complexité et la granularité de cette couverture, les cas d'utilisation spécifiques, des scénarios, des exigences, des applications et sources de données, et les propriétés formelles telles que la cohérence et la complétude de l'ontologie et le langage de représentation dans lequel elle est modélisée [Leo et al., 2007].

Dans notre travail, nous avons essayé de profiter de l'existence d'une ontologie qui traite le même domaine que celui de notre ontologie de domaine pour l'évaluer. Dans ce chapitre, nous allons procéder à l'évaluation de notre ontologie de domaine à l'aide d'une étude comparative entre notre ontologie de domaine, construite en suivant un processus semi-automatique, avec une autre ontologie qui traite le même domaine mais construite manuelle par un expert du domaine.

Avant d'entamer cette étude comparative, nous allons présenter un aperçu sur l'ontologie que nous avons utilisé comme une référence.

II. Présentation de l'ontologie de référence

C'est une ontologie de domaine qui traite le domaine des renseignements oraux relatifs au domaine ferroviaire. Cette ontologie a été construite manuellement à partir d'un corpus appelé TuDiCoI formé de 369 énoncés client soit 1332 mots [Marwa et al., 2010]. Le concepteur de cette ontologie a suivi le processus de TERMINAE [Marwa et al., 2011] et il a utilisé la plate-forme de Protégé pour la construction manuelle de son ontologie. L'ontologie de référence comporte 16 concepts de domaine, 5 relations sémantiques explicites qui relient les concepts de domaine et une relation implicite qui relie les classes avec les sous-classes [Marwa et al., 2011]. Cette ontologie a été exploitée pour l'annotation et l'interprétation du dialecte tunisien dans le contexte de la compréhension du dialogue oral dans un domaine spécifique. L'ontologie résultante de ce processus est représentée par la figure 23.

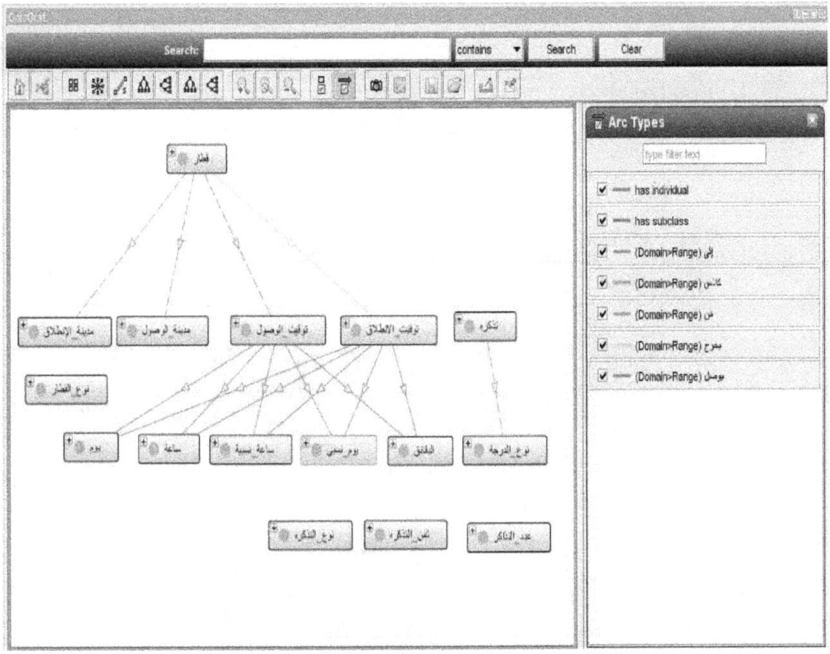

Figure 23. Ontologie de référence visualisée avec protégé

III.   Étude comparative de deux ontologies

Cette étape consiste à comparer notre ontologie avec l'ontologie de référence. En effet, cette étude consiste à comparer les concepts, les relations entre concepts et les instances des concepts qui se trouvent dans les deux ontologies. Dans ce qui suit, nous commençons par la comparaison des concepts ensuite la comparaison des relations qui relient les concepts et enfin la comparaison des instances des concepts.

III.1. Comparaison des concepts

Nous allons commencer par la comparaison des concepts en faisant un mapping entre eux, c'est-à-dire relier chaque concept avec son correspondant, s'il existe. Ceci est exprimé dans le tableau 5.

Concepts de notre ontologie	Concepts de l'ontologie de référence
مدينة	مدينة الإنطلاق/مدينة الوصول
قطار	قطار
طلب	-
تلطف	-
تذكرة	تذكرة
موافقة	-
رفض	-
نوع_قطار	نوع_القطار
وقت	توقيت الوصول / توقيت الإنطلاق / يوم / ساعة / ساعة_نسبية / يوم_نسبي / الدّقائق
بطاقة	-
تردد	-
درجة	نوع_الدرجة
عدد	عدد_التذاكر
نوع_تذكرة	نوع_التذكرة
-	ثمن_التذاكر

Tableau 5. Étude comparative entre les concepts de notre ontologie et celles de l'ontologie de référence

Cette comparaison montre que notre ontologie contient six concepts de plus par rapport à l'ontologie de référence. Ceci est expliqué par la taille importante du corpus que nous avons utilisé pour la construction de l'ontologie. En fait, l'ontologie de référence a été construite à partir du corpus TuDiCoI formé de 369 énoncés client soit 1332 mots. Par contre, nous avons utilisé une version enrichie du même corpus formé de 6533 énoncés client soit 21682 mots. La taille importante du corpus nous a permis d'extraire plus de concepts du domaine d'étude. Cette comparaison montre aussi que l'ontologie de référence a défini le concept « وقت » par sept concepts à savoir les concepts « يوم » ,« ساعة », « ساعة_نسبية » ,« يوم_نسبي » et « الدقائق » qui sont des sous-classes des deux concepts « توقيت_الإنطلاق » et « توقيت_الوصول ». Dans le même contexte l'ontologie de référence a défini le concept « مدينة » par les deux concepts «مدينة_الإنطلاق» et « مدينة_الوصول ». Ce détail peut servir, dans le but de développer l'ontologie de référence qui est l'annotation, à donner plus de précision. Cette comparaison montre aussi que l'ontologie de référence a défini le concept « ثمن_التذاكر » mais dans notre ontologie, ce concept est défini en tant qu'attribut du concept « تذكرة ». Ce choix est dû à l'absence de ce concept dans la liste des concepts qui a été défini automatiquement à travers l'étude statistique. En effet, vu l'importance de l'information « ثمن_التذاكر » dans ce domaine, nous avons décidé de la considérer comme étant un attribut du concept « تذكرة ».

III.2. Comparaison des relations entre concepts

Après avoir comparé les concepts de domaine dégagés par chaque ontologie, nous allons procéder à la comparaison des relations qui relient ces concepts. Le tableau 6 montre les résultats de cette comparaison.

Les relations de notre ontologie	Les relations de l'ontologie de référence
Départ / خروج	Départ / من
Arrivé / وصول	Arrivé / إلى
Choix / إختيار	-
Horaire / توقيت	Horaire_départ / يخرج
	Horaire_arrivé / يوصل
Possède / لها	Possède_classe / كلاس
Train_de_type / قطار_من_نوع	-
Ticket_de_type / تذكرة_من_نوع	-

68

مع_توفر / Avec_existance	-
هي / Est_un	هي / Est_un
تلطف_بـ / Politesse _avec	-
رفض_تذكرة / Rejet_ticket	-
رفض_عدد / Rejet_nombre	-
رفض_طلب / Rejet_demande	-
رفض_نوع_قطار / Rejet_type_train	-
رفض_نوع_تذكرة / Rejet_type_ticket	-
رفض_وقت / Rejet_temps	-
عدد_من / Nombre_de	-
بـ / Avec	-
شراء / Achat	-
طلب / Demande_ticket	-
طلب_بـ / Demande_avec	-
موافقة_على_تذكرة / Acceptation_ticket	-
موافقة_على_درجة / Acceptation_classe	-
موافقة_على_طلب / Acceptation_demande	-
موافقة_على_وقت / Acceptation_temps	-

Tableau 6. Étude comparative entre les relations détectées dans notre ontologie et celles de l'ontologie de référence

Cette comparaison montre qu'au niveau de la construction de notre ontologie, nous avons détecté 25 relations. Par contre, l'ontologie de référence ne contient que 5 relations. Les cinq relations de l'ontologie de référence sont présentes dans notre ontologie, sauf qu'il y a une petite différence au niveau de la relation « Horaire / توقيت » qui a été définie dans l'ontologie de référence par deux relations à savoir « Horaire_départ / توقيت_الإنطلاق » et «Horaire arrivée / توقيت_الوصول » car dans cette ontologie, le concepteur a déjà défini deux concepts différents pour distinguer le temps d'arrivée et le temps de départ. Nous remarquons aussi que l'ontologie de référence contient quatre concepts non reliés par des relations sémantiques, sachant que les concepts de domaine non reliés ne permettent pas au système de comprendre la relation entre

69

ces concepts en détectant ce qui est dit par un client. Par conséquent, les concepts non reliés sont inutiles pour la compréhension de la demande client par le système. Dans ce cas, il est indispensable de déterminer des relations sémantiques qui vont lier ces concepts. Dans notre ontologie de domaine, les vingt relations supplémentaires ont été détectées suite au nombre important de concepts déjà définis. Ces relations ont été jugées très utiles par l'expert de domaine car elles nous donnent plus d'informations sur la demande du client. En effet, ce nombre important de relations qui relient les concepts de domaine facilite la compréhension de la demande du client et par suite aide le système à le servir.

III.3. Comparaison des instances de concepts

Après avoir comparé les concepts et les relations des deux ontologies, nous procédons à comparer les instances des concepts afin d'avoir une idée sur la couverture de tout le vocabulaire qui peut être utilisé par un client qui parle le dialecte tunisien pour indiquer l'un des concepts de notre domaine. Le tableau 7 montre les résultats de cette comparaison.

Concepts de notre ontologie	Nombre d'instance de chaque concept	Concepts de l'ontologie de référence	Nombre d'instance de chaque concept
بطاقة	2	-	-
تذكرة	36	تذكرة	5
تردد	17	-	-
تلطف	49	-	-
درجة	3	نوع_الدرجة	10
رفض	1	-	-
طلب	31	-	-
عدد	32	عدد_التذاكر	6
قطار	20	قطار	3
مدينة	80	مدينة_الإنطلاق / مدينة_الوصول	23

موافقة	3	-	-
نوع_تذكرة	3	نوع_التذكرة	12
نوع_قطار	3	نوع_القطار	15
وقت	107	توقيت_الإنطلاق / توقيت_الوصول	55

Tableau 7. Étude comparative entre les instances des concepts de notre ontologie et celles de l'ontologie de référence

Cette étude comparative prouve que notre ontologie comporte plus d'instances pour ces concepts par rapport à l'ontologie de référence. Ceci est dû à la taille importante du corpus d'étude que nous avons utilisé pour la construction de notre ontologie. Par contre dans quelques cas, nous remarquons que l'ontologie de référence comporte plus de références pour quelques concepts en la comparant par notre ontologie. Ceci est dû à l'étape de normalisation de l'ontologie. En effet, nous avons remarqué que dans l'ontologie de référence, le concepteur a mis quelques instances pour un concept qui peuvent être normalisés en une seule instance. Par exemple, dans l'ontologie de référence, nous avons le concept « نوع_الدرجة » qui a 10 instances. Le même concept a 3 instances dans notre ontologie. Ceci est indiqué dans les figures 24 et 25.

Figure 24. Les instances du concept « Classe / درجة » dans l'ontologie de référence

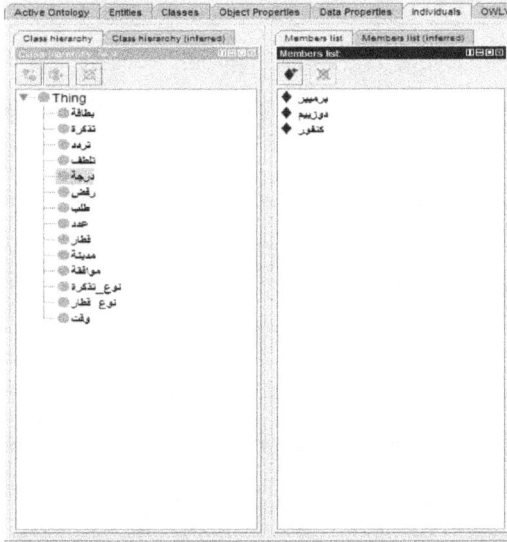

Figure 25. Les instances du concept « Classe / درجة » dans notre ontologie

Dans l'ontologie de référence, nous avons des instances qui ont été remplacées par une seule instance dans notre ontologie à savoir : « أن », « أولى », « برميي » et « برومبير ». Ces concepts ont été remplacés par l'instance « برميير ». Les instances « دو » et « دوزييم » ont été remplacées par l'instance « دوزييم », les instances «كنفور» et « كونفور » ont été remplacées par l'instance «كنفور». Ce remplacement a été réalisé au niveau de l'étape de normalisation du corpus d'étude. Nous avons aussi remarqué l'existence des instances « عادي » et «نورمال» qui ont été jugées par l'expert de domaine comme type de train et non pas type de classe ; donc elles doivent être considérées comme des instances du concept « نوع_تران » et non pas «نوع_درجة».

IV.   Discussion des résultats obtenus

Nous avons procédé à l'évaluation de l'ontologie résultante de notre système ABDO par comparaison avec une ontologie de référence qui traite le même domaine que celui de notre ontologie. Il est à noter que l'ontologie résultante du système ABDO a été construite en suivant un processus semi-automatique et l'ontologie de référence a été construite manuellement. Suite à cette évaluation, nous avons remarqué que notre ontologie non seulement a l'avantage d'être créée en suivant un processus semi-automatique mais qu'elle a satisfait les critères d'évaluation d'une ontologie, à savoir la couverture d'un domaine particulier, la cohérence et la complétude de l'ontologie. Ceci est noté par l'expert de domaine qui nous a suivis durant le processus de construction et d'évaluation de notre ontologie.

V.   Conclusion

Dans ce chapitre, nous avons présenté l'évaluation de l'ontologie résultante du système ABDO par une comparaison avec une ontologie de référence. L'ontologie résultante est générée suite à l'exécution des différentes étapes de ce système alors que l'ontologie de référence est une ontologie construite manuellement et qui traite le même domaine d'étude. Notre ontologie est jugée par l'expert meilleure que celle de référence car elle a assuré la couverture du domaine d'étude plus que l'ontologie de référence, en dégageant plus de concepts, de relations entre concepts et d'instances de concepts qui vont faciliter la compréhension du renseignement demandé par un client.

Conclusion générale

L'utilisation des connaissances dans le domaine informatique a pour but d'ajouter une couche sémantique au domaine traité. Sur cette idée s'est basée la proposition d'utiliser les ontologies afin de capturer les connaissances d'un domaine particulier. Mais la capture de ces connaissances nécessite de proposer une méthode de construction des ontologies. Pour cela, nous avons proposé dans ce rapport une méthode semi-automatique de construction d'une ontologie de domaine. En effet, nous avons proposé une méthode hybride pour la construction d'une ontologie de domaine, à partir d'un corpus de dialogue oral dans le domaine de renseignements ferroviaires.

Cette méthode hybride combine une méthode statistique pour l'extraction des termes et des concepts avec une méthode linguistique pour l'identification des relations sémantiques entre les concepts. La méthode proposée consiste en trois phases. La première est la phase de construction et de traitement du corpus qui consiste à construire le corpus qui représente le domaine à étudier et par la suite l'analyser linguistiquement. La deuxième phase concerne la construction de l'ontologie. Cette phase regroupe les étapes d'extraction de concepts, de définition de patrons et d'extraction des relations sémantiques. La troisième phase consiste à évaluer l'ontologie construite.

Le système ABDO représente le résultat de la mise en œuvre de cette méthode. Ce système nécessite l'intervention de l'expert du domaine dans quelques étapes pour prendre une décision. En fait, le système ABDO a été développé en suivant un processus composé de sept étapes à savoir: l'importation du corpus, le traitement du corpus, l'étude statistique pour l'extraction des concepts, la définition des patrons, la création des bases des concepts, la projection des patrons sur le corpus prétraité pour la détection des relations sémantiques et enfin la génération de l'ontologie.

Afin d'évaluer l'ontologie générée par le système ABDO, nous l'avons comparée à une ontologie de référence construite manuellement et qui traite le même domaine d'étude. Les résultats obtenus sont meilleurs que ceux de l'ontologie de référence vu la couverture de notre ontologie sur tous les niveaux. En effet, la méthode proposée a permis la définition de plus de concepts du domaine d'étude. Elle a permis aussi l'extraction des relations implicites et explicites entre les concepts. Enfin, elle a assurée la richesse au niveau des instances des concepts de domaine d'étude.

Comme perspectives de ce travail, nous envisageons à court terme d'exploiter notre ontologie pour l'annotation et l'interprétation sémantique du dialecte tunisien dans le contexte de la compréhension du dialogue oral dans un domaine limité. A long terme, nous envisageons d'automatiser la construction de l'ontologie de domaine à travers l'utilisation d'outils d'analyse sémantique et syntaxique pour le dialecte tunisien qui sont encours de développement dans notre équipe.

Bibliographie

[Auger et al., 2008] Auger A. et Barriere C. "Pattern based approaches to semantic relation extraction: a state-of-the-art". Terminology, John Benjamins, 14-1, 1-19, 2008.

[Arpirez et al., 2003] Arpirez J. C., Corcho O., Fernández-López M., et Gómez-Pérez A. "WebODE in a nutshell". AI Magazine, 2003.

[Baneyx, 2007] Baneyx A. "Construire Une Ontologie De La Pneumologie: Aspects Théoriques, Modèles Et Expérimentations". Thèse de doctorat, université pierre et marie curie- paris 6, laboratoire insermumrs 872 – santé publique et informatique médicale, France, 2007.

[Bechhofer et al., 2001] Bechhofer S., Horrocks I., Goble C. et Stevens R. "OilEd: a reasonable ontology editor for the Semantic Web", 2001.

[Bernaras et al., 1996] Bernaras A., Laresgoiti I. et Corera J. "Building and reusing ontologies for electrical network applications". In W. Wahlster, European Conference on Artificial Intelligence, pp. 298–302, Chichester, United Kingdom: John Wiley and Sons, 1996.

[Booch et al., 1999] Booch G., Rumbaugh J. et Jacobson I. "Unified Modeling Language reference manual Addison-Wesley", 1999.

[Bourigault et al., 2000] Bourigault D. et Fabre C. "Approche linguistique pour l'analyse syntaxique de corpus". Cahiers de Grammaire, 25, Université Toulouse le Mirail, pp 131-151, 2000.

[Borst, 1997] Borst W.N. "Construction of Engineering Ontologies". Centre for Telematica and Information Technology, University of Tweenty, Enschede, The Netherlands, 1997.

[Brachman, 1979] Brachman R. "On the Epistemological Status of Semantic Networks". Associative Networks: Representation and Use of Knowledge by Computers. Academic Press, pp. 3-50, 1979.

[Clavier et al., 1994] Clavier V. et Lallich-Boidin G. "Modélisation linguistique de la suffixation en vue de l'analyse automatique". T.A.L., pp 129-144, Vol 35, N°2, 1994.

[Condamines, 2005] Condamines A. "Sémantique et Corpus". Hermès Science Publications, ISBN 2-7462-1055-X, 2005.

[Deitel et al., 2001]	Deitel A., Faron C. et Dieng R. "Learning ontologies from RDF annotations". In Proceedings of the IJCAI Workshop in Ontology Learning, Seattle, 2001.
[Ding et al., 2002]	Ding Y. et Foo S. "Ontology Research and Development: Part 1 – A Review of Ontology Generation". Journal of Information Science 28(2), 2002.
[Doan et al., 2000]	Doan A., Domingos P. et Levy A. "Learning Source Descriptions for Data Integration". Proceedings of the Third International Workshop on the Web and Databases, 2000.
[Domingue, 1998]	Domingue J. "Tadzebao and Webonto: Discussing, Browsing and Editing Ontologies on the Web", 1998.
[Faure et al., 1998]	Faure D. et Nedellec C. "A corpus-based conceptual clustering method for verb frames and ontology acquisition". In Proceedings of the LREC workshop on Adapting lexical and corpus resources to sublanguages and applications, 1998.
[Fellbaum, 1998]	Fellbaum C. "WordNet: An Electronic Lexical Database". MIT Press, 1998.
[Fernandez et al., 1997]	Fernandez M. Gomez-Perez A. et Juristo N. "METHONTOLOGY: from ontological art towards ontological engineering". In Proceedings of the Spring Symposium Series on Ontological Engineering (AAAI'97), AAAI Press, 1997.
[Gómez-Pérez et al., 2004]	Gómez-Pérez A., Fernández-López M. et Corcho O. "Ontological Engineering (with examples from the areas of Knowledge Management, e-Commerce and the Semantic Web)". Springer, 2004.
[Gruber, 1993]	Gruber T.R. "A translation approach to portable ontology specification". Knowledge Acquisition , 5 (2), 199–220, 1993.
[Grüninger et al., 1995]	Grüninger M. et Fox M. "Methodology for the design and evaluation of ontologies". In D. Skuce (Ed.), IJCAI95 Workshop on Basic Ontological Issues in Knowledge Sharing, (pp. 6.1–6.10), 1995.
[Guarino, 1997]	Guarino N. "Some organizing principles for a unified top level ontology". AAAI Spring, 1997.
[Guarino, 1998]	Guarino N. "Formal ontology and information systems". Proceedings of the First International Conference on Formal Ontologies in Information Systems (FOIS), Trente, Italy, IOS-Press, pp. 3-15, 1998.

[Hacene et al., 2007] Hacene B. et Mohamed-Khireddine K. "Conception d'une nouvelle ontologie pour l'interopérabilité des systèmes d'informations géographique". SETIT 2007, 4th International Conference: Sciences of Electronic, Technologies of Information and Telecommunications, March 25-29, 2007.

[Houda et al., 2012] Houda S., Farida B., Hajer A. et Chaker B.M. "Méthode de Construction d'Ontologie de Domaine: Assurance Maladie". SETIT, 2012.

[Hearst, 1992] Hearst M.A. "Automatic Acquisition of Hyponyms from Large Text Corpora". Proceedings of the Fourteenth International Conference on Computational Linguistic, Nantes, France, July 1992.

[IEEE, 1990] IEEE Standard Glossary of Software Engineering Terminology. IEEE Computer Society. New York Std 610.12, 1990.

[IEEE, 1995] IEEE Standard for Developing Software Life Cycle Processes. Std. 1074–1995 IEEE Computer Society, 1995.

[Jannink et al., 1999] Jannink J., Wiederhold G. et Mitra P. "Semi-Automatic Integration of Knowledge Sources". Proceedings of the Second International Conference on Information Fusion. FUSION '991Proceedings of the Second International Conference on Information Fusion. FUSION '99: 572-80 vol.l12 vol.xxvi+ 1296, 1999.

[Johannesson, 1994] Johannesson P. "A Method for Transforming Relational Schemas into Conceptual Schemas". Proceedings 10th ICDE conference, M. Rusinkiewicz editor, pp. 115-122, IEEE Press, 1994.

[Kashyap, 1999] Kashyap V. "Design and Creation of Ontologies for Environmental Information Retrieval". Proceedings 12th workshop on Knowledge Acquisition, Modelling and Management, 1999.

[Lame, 2002] Lame G. "Construction d'ontologie à partir de texte, une ontologie du droit dédiée à la recherche d'information sur le Web". Thèse de doctorat, Ecole des Mines de Paris, 2002.

[Lenat et al., 1990] Lenat D.B. et Guha R.V. "Building Large Knowledge-based Systems: Representation and Inference in the Cyc Project". Addison-Wesley, Boston, Massachusetts, 1990.

[Leo et al., 2007] Leo O., Werner C., Inderjeet M., Steve R. et Barry S. "The Evaluation of Ontologies: Toward Improved Semantic Interoperability". Chapter in: Semantic Web: Revolutionizing

Knowledge Discovery in the Life Sciences, Christopher J. O. Baker and Kei-Hoi Cheung, Eds., Springer, 2007.

[Lindberg et al., 1993]   Lindberg D.A., Humphreys B.L. et McCray A.T. "The Unified Medical Language System". Methods Inf Med, 32(4), pp 281-291, 1993.

[Lortal, 2002]   Lortal G. "État de l'art Ontologies et Intégration / Fusion d'ontologies". Une partie d'un rapport de stage, laboratoire Dialogue et Intermédiations Intelligentes de la Direction des Interactions Humaines DIH/D2I au (FTR&D) à Lannion, septembre 2002.

[Maedche et al., 2000]   Maedche A. et Staab S. "Mining ontologies from text". In Proceedings of the 12th International Conference on Knowledge Engineering and Knowledge Management, Springer Lecture Notes in Artificial Intelligence, (LNAI-1937), 2000.

[Maedche et al., 2001]   Maedche A. et Staab S. "Ontology Learning for the Semantic Web". Ieee Intelligent Systems & Their Applications 16(2): 72-79, 2001.

[Manning et al., 1999]   Manning C.D. et Schuetze H. "Foundations of Statistical Natural Language Processing". MIT Press, Cambridge, Massachusetts, 1999.

[Marwa et al., 2010]   Marwa G., Maher J. et Lamia H.B. "Lexical Study of A Spoken Dialogue Corpus in Tunisian Dialect". The International Arab Conference on Information Technology, Benghazi – Libya, 2010.

[Marwa et al., 2011]   Marwa G., Maher J. et Lamia H.B. "Building Ontologies to Understand Spoken Tunisian Dialect". International Journal of Computer Science, Engineering and Applications Vol.1, No.4, August 2011.

[Mizoguchi et al., 1995]   Mizoguchi R., Vanwelkenhuysen J. et Ikeda M. "Task Ontology for reuse of problem solving knowledge". In: Mars N (ed) Towards Very Large Knowledge Bases: Knowledge Building and Knowledge Sharing (KBKS'95). University of Twente, Enschede, The Netherlands. IOS Press, Amsterdam, The Netherlands, pp 46–57, 1995.

[Mounira, 2012]   Mounira M. "État de l'art sur l'acquisition de relations sémantiques entre termes : contextualisation des relations de synonymie". Actes de la conférence conjointe JEP-TALN-RECITAL 2012, volume 3: RECITAL, pp 163–175, 2012.

[Morin, 1999]   Morin E. "Using Lexico-Syntactic Patterns to Extract Semantic Relations between terms from Technical Corpus". In Proceedings of the 5th International Congress on Terminology and Knowledge Engineering (TKE'99), pp 268-278, 1999.

[Natalya et al., 2001]   Natalya F.N. et Deborah L.M. "Ontology Development 101: A Guide to Creating Your First Ontology". Stanford Knowledge Systems Laboratory Technical Report KSL-01-05 and Stanford Medical Informatics Technical Report SMI-2001-0880, March 2001.

[Nabila, 2008(a)]   Nabila Ch. "Une approche de mapping pour l'intégration des ontologies", pp 8, 2008.

[Nabila, 2008(b)]   Nabila Ch. "Une approche de mapping pour l'intégration des ontologies", pp 58, 2008.

[Nathalie, 2005]   Nathalie H. "Ontologies de Domaine pour la Modélisation du Contexte en Recherche d'Information". Thèse de doctorat de l'Université Paul Sabatier Spécialité Informatique, pp 46, 2005.

[Neches et al., 1991]   Neches R., Fikes R., Finin T., GRuber T., Patil R., Senator T. et Swartout W. "Enabling technology for knowledge sharing". AI Magazine, 12(3):36--56, Fall 1991.

[Nesrine et al., 2010]   Nesrine B.M., Marie A.A. et Hajer B.Z. "Vers une approche de construction de composants ontologiques pour le Web sémantique - synthèse et discussion", 2010.

[Noy et al., 2000]   Noy N.F., Fergerson R.W. et Musen M.A. "The knowledge model of Protege-2000:Combining interoperability and flexibility", 2000.

[Papatheodrou et al., 2002]   Papatheodrou C., Vassiliou A. et Simon B. "Discovery of Ontologies for Learning Resources Using Wordbased Clustering", EDMEDIA 2002, Copyright by AACE, Reprinted, Denver, USA, 2002.

[Psyché et al., 2003]   Psyché V., Mendes O. et Bourdeau J. "Apport de l'ingénierie ontologique aux environnements de formation à distance", 2003.

[Rijsbergen, 1979]   Rijsbergen C.J. "Information Retrieval". Butterworths, London, 1979.

[Riloff, 1996]   Riloff E. "Automatically generating extraction patterns from untagged text". In Proceedings of the 13th National Conference on Artificial Intelligence, pp 1044-1049, 1996.

[Rubin et al., 2002]   Rubin D.L., Hewett M., Oliver D.E, Klein T.E et Altman R.B. "Automatic data acquisition into ontologies from pharmacogenetics relational data sources using declarative object definitions and XML". In: Proceedings of the Pacific Symposium on Biology, Lihue, HI, 2002.

[Sanderson et al., 1999] Sanderson M. et Croft W.B. "Deriving concept hierarchies from text". In Proceedings of the 22nd International ACM SIGIR Conference, pp 206-213, 1999.

[Souheila, 2009]   Souheila Kh. "Construction d'une ontologie pour la prise en charge des patients à domicile". Mémoire de mastère, pp 17-18, 2009.

[Sowa, 1995]   Sowa J. "Distinction, combination, and constraints". Proc. IJCAI95 Workshop on Basic Ontological Issues in Knowledge Sharing, 1995.

[Staab et al., 2001]   Staab S., Schnurr H.P., Studer R. et Sure Y. "Knowledge Processes and Ontologies". IEEE Intelligent Systems, 16 (1), 26–34, 2001.

[Studer et al., 1998]   Studer R., Benjamins V.R. et Fensel D. "Knowledge Engineering: Principles and Methods". IEEE Transactions on Data and Knowledge Engineering , 25 (1-2), 161-197, 1998.

[Sure et al., 2002]   Sure Y., Erdmann M., Angele J., Staab S. et Studer R. "OntoEdit: Collaborative Ontology Engineering for the Semantic Web", 2002.

[Suryanto et al., 2001]   Suryanto H. et Compton P. "Discovery of Ontologies from Knowledge Bases". Proceedings of the First International Conference on Knowledge Capture, The Association for Computing Machinery,New York, USA, pp171-178, 2001.

[Swartout et al., 1997]   Swartout B., Ramesh P., Knight K. et Russ T. "Toward Distributed Use of Large-Scale Ontologies". In A. Farquhar, M. Gruninger, A. Gómez-Pérez, and M. Uschold (Ed.), AAAI'97 Spring Symposium on Ontological Engineering, (pp. 138–148). Stanford University, California, 1997.

[Sylvie et al., 2009]   Sylvie D. et Jérôme N. "Construction d'ontologie à partir de textes : exploitation des relations verbales". TIA, 2009.

[Thibault, 2011]   Thibault M. "Construction d'ontologies à partir de textes L'apport de l'analyse de concepts formels". Thèse de doctorat de l'université Paris 13, pp 19, 2011.

[Uschold et al., 1995]   Uschold M. et King M. "Towards a Methodology for Building Ontologies". In D.Skuce (Ed.), IJCAI'95 Workshop on Basic

Ontological Issues in Knowledge Sharing, (pp.6.1-6.10). Montreal, Canada, 1995.

[Uschold et al., 1996]   Uschold M. et Grüninger M. "Ontologies: Principles, Methods and Applications". Knowledge Engineering Review, vol.11, n°2, p. 93-136, 1996.

[Van Heijst et al., 1997]   Van Heijst G., Schreiber G. et Bob J.W. "Using explicit ontologies in KBS development". International Journal of Human Computer Studies, 46:183–292, 1997.

[Yassine, 2009]   Yassine G. "Contribution à la maintenance des ontologies à partir d'analyses textuelles: extraction de termes et de relations entre termes". Thèse de doctorat de l'Université du Québec à Montréal, pp 97, 2009.